W0404006

La haine n'aura pas
le dernier mot

Christel Martin

en collaboration avec Lorette Nobécourt

La haine n'aura pas le dernier mot

Maggy, la femme aux 10 000 enfants

Albin Michel

À la part tendre de l'enfance
à préserver en tout être.

« Quand vous hésitez devant une action, demandez-vous ce qu'elle apportera de bien aux plus déshérités. »

Gandhi

Il est presque midi, et je vais atterrir dans ce pays que l'on disait autrefois « de lait et de miel », le Burundi. Si je reviens encore une fois sur cette terre perdue au centre de l'Afrique, ravagée par dix ans de guerre civile, c'est qu'il y a là quelque chose que je n'ai peut-être jamais rencontré ailleurs. Ou disons peut-être jamais aussi intensément. Parce qu'au cœur de ce territoire magnifique et désolé, il y a une femme qui a déployé en elle la puissance de l'amour, qui, inlassablement, a choisi d'en incarner et la subversion et la joie. Je ne crois pas que cela soit si fréquent.

Celle que tout le monde surnomme Maggy (pour Marguerite Barankitse), ou *Oma* (grand-mère en allemand), a pourtant presque l'apparence d'une femme comme les autres. Certes, la grâce de son sourire, la chaleur qu'elle dégage, la vie qui l'anime, sa beauté, sa générosité imposent qu'on la remarque. Mais ce qui la différencie est ailleurs. Dans une sorte de mystère qui ne se laisse pas immédiatement attraper, et que l'on découvre petit à petit, presque à son insu ; où elle puise l'énergie stupéfiante de son action dont elle ne cesse de répéter qu'elle n'est pourtant pas *son* œuvre.

Mais ce mystère, quel est-il ? Est-il dans la capacité de Maggy à faire éclater la lumière malgré la barbarie, à choisir, au cœur de la haine, de dire oui à la vie au risque de la sienne ? Est-ce cette patience que des années de lutte ont forgée au plus profond de son être ? Son travail sur elle-même pour donner toujours une chance à l'autre quand bien même il a tué, violé, pillé, saccagé ? Sa foi ? Je me suis souvent demandé à quoi tenait le sentiment de force et de joie mêlées que j'éprouvais à ses côtés. Et j'ai fini par accepter que cette alchimie particulière propre aux êtres d'exception tenait peut-être simplement à leur capacité à s'ouvrir à un mystère plus grand qu'eux-mêmes : celui de l'amour, qui reste encore le choix le plus révolutionnaire qui soit.

C'est ce mystère-là, et l'œuvre qui en découle, dont j'ai voulu être l'humble témoin. Pour faire rayonner les paroles et les actes d'une femme qui ne cesse de répéter : « Nous sommes des rois et des reines, nous sommes tous destinés à vivre dans un palais, chacun de nous mérite le meilleur. »

Chapitre 1

La « folle de Ruyigi »

Le voyage est long pour arriver jusqu'au Burundi. Il n'y a pas d'avion direct pour cette terre située au cœur de la région des Grands Lacs, enclavée entre le Rwanda, la République démocratique du Congo et la Tanzanie. Cette terre, le monde l'a massivement découverte, en octobre 1993, avec « les événements » : plus de 50 000 personnes ont trouvé la mort dans ces massacres interethniques entre Hutus et Tutsis, dont les raisons restent pour le moins obscures aux yeux des Occidentaux qui mélangent aisément l'histoire du Burundi avec celle de son voisin, le Rwanda. En 1994, les médias ont rapporté abondamment, non sans une certaine confusion, les atrocités terrifiantes du génocide rwandais, puis les départs massifs de la population impliquée dans les massacres vers le Zaïre ou la Tanzanie. Ces « faux jumeaux », s'ils sont composés des mêmes ethnies et parlent une langue presque similaire, sont cependant marqués chacun par une histoire particulière, des drames et des enjeux différents.

La situation burundaise a fait craindre à plusieurs

reprises l'explosion d'un « nouveau Rwanda », mais le « génocide » à proprement parler n'a pas eu lieu. Cependant, le Burundi s'est enlisé dans une guerre civile, entre le pouvoir militaire majoritairement tutsi et la rébellion hutue, qui a fait plus de 250 000 morts et dont le pays semble à peine sorti depuis novembre 2003.

Trois cent mille morts sur une population de 6 800 000 habitants, soit l'équivalent pour la France de plus de 2 700 000 morts. Le Burundi est aussi devenu au fil des ans une histoire de chiffres que l'on découvre presque froidement sans mesurer – comment le pourrait-on ? – la détresse absolue de chaque vie qu'ils recouvrent. C'est donc ainsi que l'on pourrait « résumer » les dix années de guerre civile qui viennent de s'écouler : 10 à 20 % de la population réfugiée dans les pays voisins ou dans des camps à l'intérieur des frontières, 660 000 orphelins (dont 200 000 à cause du sida), 7 000 enfants soldats, 5 000 enfants des rues, 200 enfants en prison, et 19 % d'enfants qui meurent avant l'âge de cinq ans[1]. Ces chiffres, ce sont aussi contre eux que Maggy se bat, parce qu'ils ne sont jamais pour elle affaire d'arithmétique. « Je ne me ferai jamais à ces chiffres ! Malgré eux, je veux chercher comment nous pouvons vivre debout. C'est une vocation tellement sublime que celle de l'humain. Aucune personne n'est vouée à la médiocrité. » Des chiffres auxquels elle ne répond donc pas par d'autres chiffres, même si

1. Source : OCHA (Office des Nations unies pour la coordination de l'aide humanitaire) et Unicef, 2003.

ceux de la Maison Shalom, la structure qu'elle a créée en 1994 pour aider les orphelins et à partir de laquelle elle rayonne, sont, à leur échelle, eux aussi imposants : plus de 10 000 enfants de toutes ethnies ont bénéficié de son aide ; en 2004, 3 000 enfants dont 230 de zéro à quatre ans sont pris en charge par la Maison Shalom ; 4 200 orphelins environ ont été réinsérés dans leur famille ; près de 2 000 enfants ou jeunes de quatre à vingt ans vivent dans quatre cent quatre-vingts maisons construites principalement dans trois régions, à Ruyigi, Rutana et Cankuzo ; 2 300 familles bénéficient d'une aide ponctuelle ; cent vingt personnes travaillent en équipe ; des dizaines d'activités génératrices de revenus, des commerces, un cinéma, et même une piscine ont vu le jour[1].

Des chiffres de mort, des chiffres de vie qui impliquent les uns comme les autres que l'on s'interroge : comment a-t-on bien pu en arriver là, à cette folie meurtrière où le pays a totalement basculé, il y a douze ans, mais aussi à cette incompressible lumière qui a grandi entre les mains de Maggy pour toucher des milliers d'enfants ?

Certes, il y a l'histoire, celle de deux ethnies qui partageaient autrefois la même langue, les mêmes coutumes et le même dieu Imana. Mythe ou réalité, l'histoire ancienne ne nous est parvenue que par les grands récits gravés dans la mémoire des anciens qui cultivent la nostalgie d'un paradis à la terre généreuse, source d'une vie rudimentaire mais facile et pacifique. C'est sur cette histoire-là que

1. Rapport annuel de la Maison Shalom.

s'est greffée celle de la colonisation par les Allemands puis les Belges – à la fin du XIXe siècle –, relayés par les missionnaires qui ont accompli une évangélisation rapide et massive.

Depuis l'indépendance en 1962, le Burundi a connu quarante ans d'instabilité politique, marqués par de nombreux coups d'État et de massacres, notamment en 1965, 1972, 1988, 1991 et 1993.

En juin 1993, les premières élections libres ont eu lieu. Quatre mois plus tard, le premier président hutu est assassiné, le 21 octobre. S'ensuivront les massacres que Maggy a vécus, et une décennie de guerre civile.

En novembre 2003, grâce à l'intervention de Julius Nyerere[1] puis de Nelson Mandela, le gouvernement et la rébellion ont enfin trouvé un terrain d'entente. Un cessez-le-feu a été signé sous la médiation de Jacob Zuma, le Premier ministre sud-africain. On espère que les élections qui ont eu lieu en 2005[2] vont redonner de la stabilité à ce pays au sein duquel les luttes d'influences, les abus de pou-

1. Ancien président de la Tanzanie. À sa mort, en décembre 1999, Nelson Mandela a pris le relais dans les négociations.

2. Les élections de 2005 (communales, législatives, sénatoriales et présidentielle) se sont déroulées dans le calme ; de nombreux partis politiques étaient représentés et on a noté une forte participation. Les résultats ont fait émerger le parti CNDD-FDD, qui s'est donné pour priorité la lutte contre les injustices sociales et le refus de recourir à l'argumentation ethnique. À majorité hutue, ce parti intègre de nombreux Tutsis.

voir et la négligence ont créé une accumulation de frustrations et de discriminations chez un peuple dont la culture repose, qui plus est, sur le non-dit et la rumeur. « Toute cette guerre est le fruit de la farce burundaise, s'emporte Maggy. Comment faire dans un pays où le mensonge est érigé en qualité ! Il y a même un proverbe burundais qui dit : "Un homme qui ne ment pas ne peut pas nourrir son enfant", "*Umugabo atabeshe ntagaburira umwana*". »

Malgré la haine fratricide, si difficile à comprendre, qui a ravagé ce peuple et cette terre, Maggy affirme : « Il est vrai qu'on assassine facilement ici, mais ce sont mes frères et mes sœurs, je porte cette identité, je dois reconnaître que j'appartiens à cette famille. Tant qu'il y a des vies humaines, l'homme peut toujours surprendre. »

Après une escale obligatoire à Dar es-Salam, à Nairobi ou à Kigali, et presque vingt heures de trajet, je distingue le lac et la plaine autour de Bujumbura, la capitale, et les collines vertes qui contrastent avec la couleur rouge si belle de la terre.

Lors de mon premier voyage au Burundi en 1998, j'avais aperçu clairement, le front appuyé au hublot, les camps de déplacés regroupant des milliers de personnes au milieu des tentes bleues alignées, les *plastic shiting* du Haut Commissariat aux réfugiés (HCR). Ces camps ont toujours scandalisé Maggy, inlassablement révoltée contre les déplacements massifs de population : « Comment en est-on arrivé là ? Comment ces gens peuvent-ils accepter de vivre sous du plastique ? Quelle humiliation !

Pourrions-nous essayer de les secourir sans les humilier ! »

À l'époque, je ne connaissais pas encore Maggy. En plein embargo, je débarquais sur cette terre en me demandant comment vivaient ces gens dont les médias nous montraient seulement la face mortelle et assassine. J'y avais rencontré des êtres simples, ni bourreaux ni victimes, qui tentaient de survivre en traversant cette « crise », cette scission de la population et sa terrible « balkanisation ». Je m'étais imprégnée de cette pudeur propre aux Burundais et de leur aptitude à survivre malgré tout. Je m'étais laissé doucement leurrer par leur apparence souriante. Beaucoup d'entre eux m'avaient dit d'aller voir cette femme que l'on surnommait ici ou là la « folle de Ruyigi » et qui s'obstinait à lutter au milieu de ses collines réputées inaccessibles. Je ne suis pas allée jusqu'à Ruyigi cette année-là. Peut-être ai-je simplement eu peur en raison de l'insécurité qui régnait sur les routes, mais aussi à cause de l'audace de cette femme que le magazine *Géo* avait qualifiée de « sainte en enfer » dès 1997. Cette audace de dire non, de refuser la ségrégation ethnique et la ségrégation tout court, quelle qu'elle soit.

Mais je n'ai pas pu l'éviter lors de mon deuxième séjour une année plus tard. Et je me suis laissé emporter par sa force et la tendresse de son sourire. Avec elle, j'ai osé regarder ce que l'on ne veut pas forcément voir, non seulement la détresse mais plus encore la lumière au cœur même de cette détresse. Avec elle, j'ai compris le sens du respect et de la dignité humaine. Dans ce petit pays du bout du monde, Maggy m'a montré la joie possible et la fête du vivant, et ce même au milieu des ruines.

Nous allons bientôt atterrir et je pense à elle, avec douceur et paix. Je repense à d'autres atterrissages : ma première descente sur Bujumbura quinze jours après l'attaque de l'aéroport qui avait fait cinq cents morts en janvier 1998 ; celui où son avion fut la cible de tirs en décembre 2000. Elle voyageait alors avec le nouveau nonce apostolique qui arrivait au Burundi. L'homme deviendrait un ami, un partenaire, avant d'être assassiné en 2003. Je l'ai souvent entendue évoquer avec gravité cette amitié puis se mettre à rire en racontant soudain l'atterrissage et la panique à l'intérieur de l'appareil, l'hôtesse qui la suppliait de s'asseoir et elle qui refusait. « J'ai toujours voulu mourir debout, et d'ailleurs, non, non, non, je ne veux pas mourir maintenant, j'ai encore des rêves à réaliser, et puis j'ai des dettes ! »

Derrière mon hublot, j'ai reconnu, ici ou là, la figure d'un camp, mais ces derniers abritent temporairement des rebelles démobilisés que l'on appelle désormais les « ex-combattants ». Le pays n'est « presque plus en guerre ». Cependant les haines fratricides ont porté atteinte à la dignité de tout un peuple et cette période de « post-conflit », loin de pouvoir être considérée comme pacifique, exige une vigilance et une rigueur accrues. « La paix est le seul combat qui vaille d'être mené », dit Maggy, citant Albert Camus. Et de fait, chacun doit maintenant trouver son rythme dans cette nouvelle donne.

Je suis heureuse de retrouver la poussière rouge et l'odeur des bananes grillées ; le vert si délicat des champs de thé et la musique du kirundi, cette langue qui chante. À l'aéroport de Bujumbura, je descends la passerelle et parcours les quelques dizaines de mètres qui me séparent du terminal et son architecture typique des années 70, avec ses coupoles en béton. Nous sommes en octobre. L'air est encore lourd et chaud dans la capitale. Ce n'est plus la saison de l'arbre aux petites fleurs roses que j'aime tant et dont j'ignore le nom. Mais je sais que je trouverai les bougainvilliers en fleur, luxuriants. Un peu assommée par le voyage et le traitement préventif contre la malaria, je présente mon passeport, ma carte de vaccination. Le vaccin contre la fièvre jaune est obligatoire et chaque passager doit en apporter la preuve. Enfin je peux sortir.

Ponctuel, efficace, le chauffeur de la Maison Shalom m'attend dehors. C'est lui qui doit me conduire jusqu'à Maggy, jusqu'à ses collines dans la petite ville de Ruyigi à l'est du pays. Cent quatre-vingts kilomètres environ nous en séparent. Si tout se passe bien, nous devrions y être dans deux heures et demie.

Mais avant, il faut traverser la capitale. Maggy n'aime pas tellement venir à Bujumbura malgré les multiples obligations qui l'y contraignent : le suivi d'un dossier auprès du gouvernement, de la coopération internationale ou des agences des Nations unies ; un rendez-vous avec l'ami et avocat Antoine qui défend les intérêts des enfants lésés ; la nécessité de faire soigner tel ou tel, ici même ou dans un autre pays en Europe, en Afrique du Sud ou au Kenya ; un colloque sur la réconciliation, les enfants des rues ou la prévention du sida ; l'arrivée d'un container et les problèmes de douane qu'elle règle avec son frère Apollinaire.

Si Maggy n'aime pas tellement venir dans la capitale, c'est aussi parce qu'elle y vérifie, chaque fois qu'elle s'y rend, à quel point la gestion du pays est centralisée et coupée de la réalité du reste du territoire. « Beaucoup de fonctionnaires qui travaillent dans les bureaux ignorent la misère des collines. Certains ne vont jamais à l'intérieur du pays, et nous traitent avec indifférence et parfois même avec arrogance. »

En quittant l'aéroport, nous croisons des dizaines de véhicules blindés aux formes étranges. Le grand sigle noir UN tranche sur le blanc : United Nations. Force de pacification. Les soldats sont invisibles. Je regarde, à leur côté, les colonnes d'hommes et de femmes qui marchent le long de la route, portant un maigre panier sur la tête.

Le chauffeur conduit très bien. À ses côtés, je redécouvre la zone industrielle avec ses quelques usines et entrepôts ; les grands murs de la Brarudi, usine d'État qui fabrique les deux bières nationales, l'Amstel et la Primus. À l'entrée de Bujumbura, un arbre gigantesque aux bras ouverts accueille le nouveau venu. Les mariés y viennent volontiers se faire photographier le jour de la cérémonie. Puis ce sont les ruines, des monceaux de gravats, des bâtiments abandonnés, des bus bondés, presque des embouteillages à l'approche du marché central. Parfois un trou béant, sur les flancs de la rue, témoigne du passé. Bujumbura est une capitale sans feu rouge ni vert.

Nous sommes à quelques centaines de mètres du centre-ville, des vaches vont et viennent dans la rue sans se soucier des voitures. Interdites dans la capitale avant la crise, elles y ont trouvé refuge au moment des conflits et semblent difficiles à déloger. Une jeune femme nous interpelle, échange quelques mots avec le chauffeur et se joint à nous. Elle a vingt-deux ans, mais se considère toujours comme une « enfant de la Maison Shalom ». Elle profite de la voiture pour se faire transporter à Amani[1] House, une des antennes de la Maison Shalom dans Bujumbura. Il s'agit d'un centre construit pour les étudiants qui suivent les cours à l'université et qui accueille aussi les enfants malades descendus jusqu'ici pour des soins spécifiques. Arrivée à Amani House, la jeune femme cède sa place à un jeune homme. Atteint du sida, il est ici pour suivi médical et retourne à Ruyigi après toute une série d'examens. Il est un des rares à parler ouvertement de sa maladie et va même jusqu'à la mettre en scène dans des petites pièces de théâtre qu'il joue dans la salle de cinéma de la Cité des anges, l'une des nombreuses œuvres de Maggy. Un autre homme nous rejoint. Cet entrepreneur a rendez-vous avec Maggy pour suivre un chantier de Nyamutobo, à Ruyigi, et profite lui aussi du véhicule.

Pour sortir de la capitale nous traversons Kamenge, un quartier rasé au début de la guerre civile dans le but d'anéantir des foyers de rébellion hutue. Il sort doucement de ses ruines, mais reste lourd d'un passé où l'appartenance à l'une ou l'autre des ethnies conditionnait lieux de vie et liberté de mouvement.

1. « Paix » en swahili.

Nous franchissons encore un barrage qui contrôle l'une des dernières routes dangereuses du pays depuis les accords de paix signés en 2003. Elle n'est ouverte que de 8 heures à 16 heures. Moins risquée qu'autrefois elle traverse cependant Bujumbura Rurale, la ceinture montagneuse autour de la capitale, où règne encore une forme de terreur sur des habitants épuisés, affamés, en qui la peur a endormi toute aspiration à être et pour qui le seul luxe est de survivre.

J'observe les traces de la guerre. Des carcasses de véhicules rouillées et dépecées, que les herbes sauvages ont progressivement envahies, rappellent tout au long du chemin la violence qui a eu lieu ici. La route sillonne les collines cultivées aux flancs pourtant abrupts. J'aperçois des plants de maïs ou de haricots, des caféiers, des palmiers au vert profond avec leurs petites noix qui donnent cette huile si épaisse. Bujumbura disparaît derrière nous dans sa brume de chaleur tandis que s'ouvre à l'ouest la grande plaine fertile de l'Imbo, le lac Tanganyika, les collines du Congo. En sens inverse, les vélos chargés de régimes de bananes ou de sacs à charbon roulent à vive allure, et si plus d'un disparaît dans cette course, ce n'est plus, comme autrefois, en raison d'une bombe qui vient d'exploser ou d'une balle perdue. On ne croise plus de ces minibus renversés dans le fossé, remplis de cadavres. Les camions à l'allure poussive côtoient sans encombre les piétons et les ex-combattants de la rébellion, signataires des accords de paix et patrouillant aujourd'hui avec les militaires de l'armée régulière autrefois ennemie. Si l'on a parfois surnommé

Maggy la « folle de Ruyigi », c'est aussi pour avoir sillonné cette route en tout sens quand d'autres se terraient dans la capitale pendant que les massacres se multipliaient. L'emprunter, c'était prendre le risque d'y mourir.

Nous passons le dernier barrage à Bugarama pour pénétrer véritablement au Burundi. Nous partageons les fraises charnues et les petites bananes citronnées délicieuses. J'achète quelques kilos de ces petits pois frais magnifiques que l'on ne trouve pas à Ruyigi. Me reviennent quelques mots de Maggy : « Quelle honte que notre pays reçoive la nourriture de l'extérieur, regarde comme notre terre est riche. Nous vivons sous perfusion. Cela me révolte. » En regardant la beauté de ce pays, j'entends et je comprends sa révolte, son souci de rendre à la terre comme à chacun sa dignité. Il y a une forme d'humiliation à ne pas pouvoir nourrir sa famille avec sa propre terre, surtout quand cette dernière est surnommée la Suisse de l'Afrique tant ses montagnes sont vertes et son sol potentiellement fertile. Il y a une humiliation à subir jusqu'à en perdre même le désir d'entreprendre.

Il fait maintenant un peu frais. De gros nuages voluptueux parsèment le ciel. La lumière est presque tendre. Les coteaux s'adoucissent. Je reconnais les petites rivières qui coulent au fond de la vallée. Et là, les champs de riz, de choux et de carottes. Les différentes sortes d'eucalyptus s'épanouissent en teintes délicates, entre le vert tendre et argenté, entourés des caféiers et des plants de thé, deux des rares richesses exportables du Burundi. Je revois Teza, l'usine à thé avec son immense hangar brun pour faire sécher les feuilles. Attaquée en 1996, elle est depuis étroitement surveillée.

Puis nous traversons Muramvya, cité royale avant la colonisation, et enfin Gitega, la deuxième ville du pays. Maintenant le paysage est plus aride, moins peuplé. J'aperçois cependant des sortes de villages le long de la route qui n'existaient pas lors de mon précédent voyage. Le chauffeur m'explique qu'il s'agit de camps de déplacés qui s'installent sur la durée. En 2001, les petites maisons en briques adobes, ou séchées au soleil, ont remplacé les tentes de plastique où vivaient des dizaines, voire des centaines puis des milliers de personnes regroupées pour fuir les zones de conflit.

Les quatre-vingts derniers kilomètres se font plus facilement qu'autrefois où il fallait une heure de plus, dans des nuages de poussière, pour arriver jusqu'à Ruyigi. La route a été goudronnée en 1995. Mais les pluies régulières ont déjà abîmé la chaussée. Le budget des travaux a sans doute été ponctionné par le responsable de l'époque afin de financer sa maison, une pratique courante au Burundi que dénoncent de plus en plus les radios privées.

Il est presque 17 heures et nous devons nous presser pour déposer l'entrepreneur avant la tombée de la nuit : nous sommes quasiment à l'équateur et le soleil se couche d'un seul coup ; il tombe vers l'horizon, rougeoie et disparaît. Je retrouverai la petite ville de Ruyigi plus tard, il n'y a pas d'urgence. Les téléphones portables ne disposent d'aucun réseau ici, mais tout le monde connaît Maggy et ce n'est pas très difficile de la localiser.

Nous allons donc directement au village de Nyamutobo, à deux kilomètres du centre-ville. C'est là que Maggy est née, a grandi au milieu d'une ribambelle de cousins et de cousines, d'oncles et de tantes. C'est là qu'elle a travaillé, veillé sa mère avant sa mort en 1989. Les terrains qu'elle a reçus de sa famille en héritage, c'est à la Maison Shalom qu'ils appartiennent désormais. Dix hectares qu'occupent deux villages, soit plus de soixante maisons avec une véritable zone d'activités : une maison d'hôtes côtoie un moulin à manioc, une ferme, des terrains à cultiver, et il reste encore de l'espace où Maggy voudrait construire un centre médical et un centre pour la petite enfance, une sorte de crèche, ce pour quoi l'entrepreneur vient la voir.

Elle est là. Je la regarde, toujours aussi étonnée et honorée de la confiance que cette femme me témoigne. Nous nous accompagnons mutuellement dans une sorte d'intimité d'âme qui rend chaque rencontre plus impressionnante et plus riche. Comment deux êtres culturellement si éloignés, ne partageant pas les mêmes croyances spirituelles, peuvent-ils se sentir aussi proches ? C'est un mystère qui nous surprend et nourrit notre désir de travailler ensemble.

Elle ne m'a pas encore vue, tout occupée à partager un moment avec une jeune femme et son bébé sur le dos. J'avais rencontré celle-ci, il y a six ans, alors qu'elle venait d'arriver à la Maison Shalom. Elle était presque muette, ne s'exprimant quasiment que par signes, suite à une série de viols répétés. Maggy, une main posée sur la tête de l'enfant et l'autre sur le bras de la jeune femme, s'enquiert de leur état. Je retrouve l'attention qu'elle porte à chacun, sa tendresse, sa capacité à être pleinement où elle est. Soudain, elle se retourne et, nous voyant, lance un de ces grands « YYO ! » typiques au Burundi. C'est une façon de s'interpeller, de se dire bonjour. Je la serre brièvement dans mes bras. Mais ce n'est pas l'heure d'échanger des nouvelles. Le travail l'attend et Maggy voudrait aussi que je me repose après ce long voyage. Elle me renvoie d'un air presque autoritaire vers sa maison, mais je veux assister à cette réunion avec l'entrepreneur et une responsable de l'Unicef, le bailleur du projet. Il s'agit de choisir l'emplacement du centre dédié à la petite enfance.

Maggy s'adresse à l'entrepreneur : « Qu'en penses-tu ? » Il lui répond avec un sourire : « Je sais construire sur n'importe quel terrain, mais ce n'est pas à moi de décider. Il faut juste penser à un raccordement facile pour l'eau et l'électricité, dans l'avenir, lorsque la colline sera équipée. » Ruyigi n'a l'électricité que depuis trois ans. Maggy ajoute : « Et le tout-à-l'égout... rêvons un peu. » L'administratrice de ce programme de l'Unicef confirme l'obligation de disposer d'eau courante pour les sanitaires.

« Pas d'eau courante, pas de budget !

– Nous avons déjà installé une fontaine au milieu des maisons, précise Maggy, le raccordement sera facile ici. »

Avec cette crèche, Maggy fait bien plus que porter secours aux plus vulnérables de « ses frères et sœurs ». Elle affirme ici son désir de construire sur la durée pour mieux anticiper. « Bien sûr, nous devons encore lutter aujourd'hui partout où la vie est menacée mais je suis fatiguée de me battre pour la survie. Nous devons vivre pleinement et bâtir l'avenir. Cela me désole de voir nos jeunes enfants assis toute la journée. Chaque éducatrice a tant à faire. Chacune d'entre elles dans sa maison est responsable de trois ou quatre enfants en bas âge. C'est beaucoup. Ce centre permettra de les soulager un peu. » Dans moins de six mois, espère-t-elle.

Plusieurs enfants sont venus la saluer durant notre conversation. Des milliers d'entre eux sont passés dans ses bras. Ils y trouvent la ferme tendresse d'une mère. Ils le savent, le sentent. Cela se lit dans ses gestes. Elle appelle chacun d'entre eux par son prénom. Elle connaît l'histoire de chacun d'eux. À la regarder les prendre, leur parler, leur sourire, les essuyer, poser sa main sur leur tête, on trouve chez cette femme qui n'a jamais porté d'enfant dans son ventre l'amour inépuisable de cette mère qu'elle est absolument. « Il y a bien d'autres façons de donner la vie. »

Il fait bientôt presque totalement nuit, de cette nuit noire propre aux lieux sans électricité. Nous regagnons rapidement le centre de Ruyigi avec ses cinq mille habitants. Maggy s'enthousiasme pour le projet et évoque déjà l'avenir, les autres villages à équiper de centres identiques, ouverts non seulement aux enfants de la Maison Shalom mais aussi à ceux du voisinage, des paysans des collines. Il y a tout à faire ici. Maggy rit. La voiture est remplie de son rire, ce rire qui l'a tenue debout même aux jours les plus noirs. Des jours qu'elle a notamment partagés avec Christoph et sa femme Traudl, en mission à Ruyigi pendant une période critique entre 1993 et 1996. Il me dira plus tard : « Elle est incroyable, jamais nous n'avons autant ri de notre vie. » Car pour elle, « chaque jour est une fête, pendant tant d'années nous ignorions de quoi serait fait demain, aujourd'hui nous savons apprécier le présent ! ».

L'entrepreneur et l'administratrice du programme de l'Unicef dormiront dans la maison d'hôtes, ce petit hôtel-bar-restaurant tenu par les jeunes de la Maison Shalom depuis 1998. Puis nous regagnons la maison de Maggy, en fait le siège de la Maison Shalom, bâti sur un vaste terrain qui jouxte l'hôpital rural au centre de Ruyigi. Encore en chantier en 2004, le siège abrite des bureaux, un centre d'accueil, une chapelle multiconfessionnelle dont l'accès a été ouvert à l'hôpital, des entrepôts, un jardin potager et des fleurs qu'elle fait pousser en abondance, car la beauté est aussi nourriture.

La soirée est fraîche. Aucune pleine lune. J'entends les chants et les tambours traditionnels auxquels s'adonnent les garçons. « C'est beau, ces jeunes qui m'ont demandé des tambours. Plusieurs groupes s'entraînent tous les soirs. Je crois vraiment qu'un nouveau mode de vie est toujours possible, même au milieu des atrocités. »

Croire, c'est aussi ce qui la tient debout et lui donne cette force insensée d'embrasser le passé pour apaiser le présent en bâtissant l'avenir. Croire, en Dieu, en l'homme, en la vie, à tous les possibles qui existent en chacun, aussi fragiles soient-ils. Tant qu'il y a de la vie. Croire à ce qui redresse, ce qui élève, ce qui grandit et nourrit. À la beauté, au rire, à la fête, au don, à l'amour. « Tout ce qui est fait avec amour finit toujours par triompher. Un homme qui n'aime pas a raté sa vocation d'homme. »

À 18 heures, chaque soir, Maggy se retire une heure et va puiser dans une solitude bienfaisante l'énergie de repartir. Silence, méditation, prière, dialogue intérieur, elle s'abîme en elle-même pour mieux revenir aux autres. Elle s'abreuve à la source intérieure pour mieux irriguer autour d'elle. Elle y questionne dans la paix le sens de sa tâche.

Je me suis un peu reposée dans ma chambre, puis j'ai rejoint le salon où il y a toujours du monde. La porte est ouverte. On rentre boire une bière, discuter un moment. Que l'on soit trois, quatre, cinq ou six, la table est toujours dressée pour huit au minimum. Si quelqu'un vient à passer, sa place l'attend.

Une jeune femme s'approche et me demande ce que je souhaite boire. Elle semble murmurer de loin, comme si elle avait peur de me déranger. Ses yeux sont baissés et regardent de côté. Quand elle m'apporte un verre de fruito – un délicieux jus de maracuja –, je retrouve ce geste qui me surprend chaque fois : tandis qu'elle s'incline lentement pour poser le verre devant moi, sa main gauche tient son avant-bras droit dans une attitude presque cérémonieuse, héritée des siècles de soumission à l'autorité.

Lisette passe en me saluant rapidement, très

droite, un bébé dans les bras. Sa beauté est de plus en plus éclatante. Elle vient d'avoir quinze ans. Elle rêve de devenir journaliste ou danseuse. Avec sa sœur Lydia, elle vit sous le même toit que Maggy. Le 24 octobre 1993, leurs parents, Cyprien et Juliette, ont été froidement assassinés. Avant de mourir, la mère a confié les deux petites à Maggy. Lydia a douze ans. Elle se promène entre enfance et adolescence, tantôt riant aux éclats, tantôt enfermée en elle-même et faisant tourner une mèche de cheveux à son doigt. D'une santé plus fragile que Lisette, elle est en train de s'épanouir et d'affirmer un tempérament très actif. Les deux sœurs sont complices. Elles ont traversé toutes ces années de guerre avec la force des enfants : « On jouait, bien sûr, mais il y a certains enfants avec qui cela ne nous plaisait pas trop parce qu'à cause de leurs blessures, quand ils oubliaient de faire attention, ils s'évanouissaient, et il fallait les emmener à l'hôpital. »

Deux jeunes journalistes d'une radio privée locale finissent leur bière en attendant Maggy pour compléter une interview réalisée le matin même.

François arrive au moment où Maggy nous rejoint. Ce Canadien d'une trentaine d'années travaille depuis deux ans pour l'Unicef au Burundi. Engagé volontaire dans l'humanitaire, il a accepté de rejoindre l'Unicef pour agir à plus grande échelle, malgré l'inconvénient des grosses institutions. Il est responsable de l'antenne de Ruyigi et Maggy, touchée par son efficacité et sa compréhension des problèmes locaux, regrette son prochain départ. Il manquera aux enfants. Les enfants, c'est pour eux qu'il se bat. Ils viennent spontanément le saluer dans les rues de Ruyigi, sensibles au respect qu'il leur témoigne. L'homme est chaleureux. Des années passées au service des autres l'ont fait mûrir bien vite et l'on peut dire que, déjà, son cœur n'a plus d'âge : blessé par ce qu'il a vu, fortifié par ce qu'il a donné. Dans son regard, la gentillesse est immédiatement visible. Comme toujours il parle peu mais avec efficacité. Conscient du travail colossal à accomplir auprès des enfants, François semble fatigué de ce que les aides ne parviennent pas aux destinataires, épuisé par l'énergie qu'il faut sans cesse déployer pour faire face à la bureaucratie et à l'inertie. Quand on sait que 20 % seulement de l'argent donné atteint son but, selon une estimation de la Banque mondiale, il y a en effet de quoi être découragé !

L'Afrique en général use. Le Burundi en particulier. Selon le classement des Nations unies, le pays est encore en zone rouge. En conséquence, chaque déplacement doit se faire accompagné d'un convoi militaire, ce qui rend le travail de François plus difficile encore. Chaque week-end, il est contraint de retourner à Bujumbura pour des raisons de sécurité. Ce soir, il peut rester dîner avec nous et partager ses inquiétudes. Elles concernent la région de Bujumbura Rurale, que nous avons traversée pour venir. Cette zone encore en guerre autour de la capitale continue de subir ce que le pays a vécu pendant dix ans, entraînant des déplacements massifs de populations terrorisées, souvent affamées, qui cherchent refuge ici ou là. Il dit avoir vu une église fermer ses portes à des centaines de femmes et d'enfants condamnés à dormir dehors entassés les uns sur les autres. Responsable des urgences dans cette région, il est accablé par l'ampleur des besoins. « La semaine dernière, ce sont plus de quarante mille personnes qui ont été identifiées comme nécessitant une aide d'urgence. » Maggy refuse de se laisser abattre par cette réalité : « Il y a toujours quelque chose à faire, et ce que tu fais comme tu le fais, avec ta sincérité, avec toute ta conscience, c'est la bonne direction. C'est à chacun d'agir. Ce que je fais de mon côté, que ce soit pour dix mille ou cent mille enfants, cela restera toujours une goutte d'eau infime dans l'océan des choses nécessaires. Mais c'est une petite bougie. Comme dit Mère Teresa : “Il vaut mieux allumer une bougie que de maudire les ténèbres.” Allons, réjouissons-nous ce soir, nous sommes en bonne compagnie. »

François la regarde en s'interrogeant sur l'œuvre de la Maison Shalom si Maggy venait à disparaître, si elle était assassinée. À son habitude, l'intéressée répond d'une boutade et d'un rire : « Je ne suis pas préoccupée par l'avenir de mes enfants. Il n'y a pas d'avant-Maggy ni de pendant-Maggy, si bien qu'il n'y aura pas d'après-Maggy. Il n'y a que l'œuvre de Dieu. L'espérance de vie d'une femme au Burundi est de quarante et un ans, j'ai déjà gagné presque huit ans, chaque jour est une fête en plus ! »

Et c'est vrai que la salade de papayes et de goyaves est délicieuse, que les bananes et les mangues sont abondantes, que la douceur de l'air aide à faire de cette soirée une fête. Une fête que les uns et les autres quitteront cependant de bonne heure, car même si le couvre-feu a disparu, même si l'électricité permet de s'éclairer, on a pris l'habitude de soirées courtes à Ruyigi. Nous restons donc toutes les deux avec un dernier thé, en évoquant son travail, nos proches, les bonnes et les moins bonnes nouvelles de la vie, nous rions de nos difficultés respectives avec les adolescents. Comme des amies que nous sommes devenues. Mais aujourd'hui, si je suis à ses côtés, c'est aussi pour ce livre que je désire écrire, pour témoigner.

Nous retournons ensemble vers ces jours d'octobre 1993. Nous retournons ensemble vers ces blocs de mémoire que Maggy garde en elle, cachés sous la légèreté et la force de ses rires. Vers ses souvenirs qu'elle évoque toujours avec la même pudeur et la même précaution essentielle : « Malgré les atrocités, je témoigne avant tout de l'espérance. Je ne suis pas là pour accuser ni réparer, mais pour accompagner. Accompagner tous ces jeunes pour les aider à puiser en eux les forces de la vie en dépit des heures terribles qu'ils ont vécues. »

Chapitre 2

La déchirure

Octobre 1993. Depuis les élections du mois de juillet où Melchior Ndadaye a été élu, l'ambiance dans le pays est très contrastée, chargée de déception et d'amertume pour les uns, d'esprit victorieux pour les autres. Ici ou là les premiers signes d'agressivité se manifestent. En dépit de ces nouvelles tensions, Maggy nourrit l'espoir d'un changement pour le Burundi. « Je pensais que nous pourrions peut-être enfin organiser la société sur des bases nouvelles. Pour la première fois, lors d'une cérémonie officielle, j'avais accepté de chanter l'*Hymne à l'unité*[1]. »

L'armée et la police, essentiellement tutsies, et dont les missions se superposent, peinent à obéir au nouveau pouvoir hutu. Lorsque, le 21 octobre 1993, le nouveau président hutu est assassiné, la communauté hutue s'embrase et se venge sur les Tutsis des collines. Il faudra deux jours à l'armée pour intervenir. Deux jours qui semblent bien longs

1. En 1991, l'État décrète le 5 février « fête de l'unité » et crée l'*Hymne à l'unité* à cette occasion. En réalité, les Hutus restent exclus et il n'existe qu'un parti unique.

au regard de toutes ces vies sacrifiées, deux jours où le chaos s'installe, permettant, selon certains, de justifier une reprise en main musclée du pouvoir. Les Hutus commencent à se cacher ou tâchent de se regrouper. C'est dans cette tension qu'éclatera le massacre contre ces derniers à l'évêché de Ruyigi.

La répression contre les Hutus sera aussi violente que celle subie par les Tutsis. Cinquante mille morts en quatre jours ? Difficile de connaître la vérité tant les chiffres sont instrumentalisés à des fins politiques, que ce soit d'un côté ou de l'autre. Des Tutsis ont été massacrés par des Hutus et inversement.

Et pourtant, le 21 octobre, la journée a commencé comme les autres. Les enfants se rendent à l'école, Maggy à son travail, au bureau de développement de l'évêché. Chloé l'accompagne. De passage à Ruyigi, entre deux périodes d'examens, elle s'installera dans un bureau près de Maggy pour étudier tranquillement. La maison, adossée aux collines, est légèrement en hauteur par rapport à la petite bourgade de Ruyigi. En chemin, comme à son habitude, Maggy savoure la vue sur les collines rondes et la petite vallée, malgré l'air chargé de poussière. Cette année, exceptionnellement, les premières pluies ne sont pas encore tombées. La terre est labourée et attend.

Les deux femmes marchent à travers les champs de haricots, de manioc, les bananeraies, puis traversent une petite forêt d'arbres sauvages. Il fait frais. Le chemin arrive directement dans le centre, passe derrière la brigade, rejoint la route principale au rond-point central et laisse le stade et le marché sur la gauche. La ville est calme, contrairement aux jours de marché, les mercredis et dimanches, où les paysans des environs font parfois jusqu'à vingt kilomètres pour vendre leur production de fruits ou de légumes. Comme chaque jour, Maggy longe les belles maisons du centre, construites en moellons, protégées par des haies en bois tressé. Elle dépasse un lopin de terre planté de grands arbres, des pins élancés et odorants, avant de rejoindre, un peu plus loin, l'hôpital rural. Elle bifurque ensuite à gauche jusqu'à la cathédrale pour atteindre l'évêché avec sa grande grille, ses bâtiments en brique et ses jardins soignés. Maggy salue les uns et les autres. On lui apprend que l'abbé Thaddée, chargé du BDD (Bureau de développement diocésain), vient de partir en voiture pour Bujumbura. L'évêque est en Allemagne. Maggy rejoint donc directement son bureau où elle commence à traiter les affaires courantes.

Vers 9 heures, l'abbé Thaddée est déjà de retour, très préoccupé. Il a dû faire demi-tour en rencontrant un barrage de l'armée. Il prévient immédiatement Maggy de l'assassinat du président le matin même. Elle décide de retourner dans sa maison où ses enfants sont revenus de l'école qu'ils ont trouvée porte close. Dans le centre de Ruyigi, on peut déjà entendre de la musique militaire en signe de deuil. Maggy est affligée par ce nouvel assassinat. Sa tristesse est d'autant plus exacerbée que certains s'en réjouissent. Elle entend que l'on ricane déjà ici ou là. À aucun moment, ce jour-là, elle n'imagine que la situation puisse cependant s'aggraver. La mort du président est déjà une mort de trop.

Le vendredi 22 octobre, au petit matin, elle redescend dans le centre de Ruyigi pour s'enquérir des dernières nouvelles. Des massacres de Tutsis ont eu lieu dans les collines. Elle croise les premiers rescapés. Les écoles et les lycées, de plus en plus difficiles d'accès aux étudiants hutus, ont été attaqués en priorité par ces derniers.

« Même blessés, les rescapés couraient. D'autres, arrivés dans la nuit, étaient déjà assis dans le stade. Il y avait aussi avec eux certains Hutus. On voyait des nuages de fumée, des feux partout sur les collines alentour. La peur commençait à être palpable. J'ai eu vent de l'attaque du lycée de Rusengo, celui où j'avais étudié pour être professeur. En voyant des bandes se regrouper et s'organiser autour du lycée, les étudiants avaient décidé de fuir. Ils avaient parcouru dix-huit kilomètres en courant jusqu'à Ruyigi. Certains d'entre eux étaient blessés. On ignorait que neuf étudiants avaient déjà été assassinés. Tout le monde cherchait à savoir. Lorsque j'ai compris la gravité de la situation, je suis retournée à la maison pour chercher les enfants. Je n'ai rien pris, j'ai tout laissé, je suis partie avec toute la famille. On entendait les gens dire : "Ils vont nous assassiner." Je suis allée à la brigade en pensant qu'ils pourraient nous protéger. Mais ils ont refusé de cacher Chloé et trois autres enfants parce qu'ils étaient hutus. J'ai essayé de me tourner vers les Hutus, mais en tant que Tutsie, ils pensaient qu'on ne me ferait pas de mal et qu'on ne toucherait pas à mes enfants. Alors j'ai choisi de me réfugier avec les enfants à l'évêché. Le vendredi, nous étions encore assez peu nombreux. Ruyigi se remplissait de gens qui avaient besoin d'être aidés, soignés, nourris. Dans le centre de développement, dont j'avais les clefs, j'ai pris l'huile, le riz, tout ce qui avait été fourni par la Caritas diocésaine pour les œuvres sociales. Puis je suis allée chercher les prêtres et nous nous sommes dirigés vers le stade de Ruyigi pour tâcher d'apporter notre aide. Il y avait une foule immense, Hutus et Tutsis étaient encore mélangés, sans distinction. Il régnait là-bas une telle désolation... Quelques heurts ont eu lieu. La foule a commencé à se diviser. Certains Hutus se sont éloignés, se sentant de plus en plus menacés. Chacun se demandait où il pourrait bien se cacher. Nous espérions encore que la catastrophe se limiterait à ce qui venait de se dérouler dans les collines, mais malgré les injonctions au calme, les parachutistes largués par des hélicoptères et des avions inspiraient la peur. Le regard de ces hommes portait quelque chose d'inquiétant.

Plusieurs personnes sont venues m'apporter des nouvelles des collines. Certaines se sont déplacées spécialement pour m'apprendre que plusieurs membres de ma famille avaient été brûlés vifs dans leur maison. Elles essayaient d'attiser ma haine, mais cela a renforcé ma conviction de rester neutre. Plus l'horreur se répandait, plus la nécessité de tenir une position forte et ferme m'apparaissait essentielle. »

Le regard de Maggy est embué de larmes, mais je

sens qu'elle est décidée à poursuivre, à fouiller sa mémoire en quête de mots justes. « Je ne veux pas remuer tout cela inutilement, il ne s'agit pas de dénoncer quiconque, seulement le mal absolu. Je suis en recherche pour comprendre. » Comprendre pour inviter chacun à se remettre en question. C'est dans ce but qu'elle poursuit ce douloureux travail de mémoire.

« Le samedi 23, j'allais et venais entre l'évêché et le stade pour tâcher d'apporter de l'aide aux uns et aux autres selon nos moyens. Tout autour les collines s'embrasaient. En l'absence de pluie, les arbres prenaient feu les uns après les autres comme des torches. Petit à petit, près de trois cent cinquante personnes se sont rassemblées dans l'évêché. Nous étions de plus en plus inquiets concernant ceux et celles qui avaient été arrêtés en vue d'être interrogés. Les militaires essayaient de savoir si les massacres des Tutsis dans les collines avaient été commandités. Dix-neuf Hutus avaient été arrêtés dont Cyprien, le père de Lydia et Lisette, qui était médecin. Le soir, ils ont été libérés. Nous étions soulagés qu'ils soient en vie, mais j'ai vu à quel point ils étaient tristes. Je suis restée très réservée, je ne leur ai pas demandé ce qui s'était passé. La mort était trop présente. Pour eux, j'étais aussi une Tutsie qui venait de perdre des membres de sa famille. Il est si difficile de faire confiance à l'autre en de tels moments. Comment se convaincre mutuellement de sa propre neutralité ? Il n'y a pas de mots pour cela.

D'un commun accord avec Cyprien, je suis allée chercher sa femme, Juliette, et leurs petites filles, Lisette et Lydia, âgées de trois ans et six mois. Le samedi soir, je suis retournée une dernière fois au stade pour apporter de la nourriture à des personnes de ma famille. Deux de mes nièces étaient présentes, dont une handicapée, à qui j'ai proposé de venir dormir à l'évêché. Leur maman a accepté.

Beaucoup de Tutsis ignoraient totalement ce qui était en train de se préparer. Mais les rumeurs ont commencé à circuler sur les assassinats qui avaient lieu en ville. Dans le stade, un professeur hutu a été tué.

Je suis retournée à l'évêché où nous avons écouté la radio. Le nouveau gouvernement, à majorité hutue et de mouvance politique identique au précédent, appelait au calme. Nous pensions que la situation allait s'apaiser, que la folie allait prendre fin aussi vite qu'elle avait commencé, à la manière des vagues de massacres terribles perpétrés dans le nord du pays auparavant. À l'intérieur de l'évêché, nous nous sommes organisés pour le mieux en partageant les chambres, en improvisant un dortoir, et c'est ainsi que nous avons réussi à dormir tant bien que mal jusqu'à l'aube du 24 octobre.

C'était un dimanche. Ce matin-là je me suis levée tôt pour tâcher d'organiser la célébration de la première messe dans l'enceinte de l'évêché. Je sentais qu'il serait trop dangereux de se rendre à la cathédrale même si je ne savais pas encore que les massacres avaient déjà commencé dans les rues de

Ruyigi, et notamment à l'école des métiers, toute proche.

J'ai été l'une des premières à voir la foule des assaillants se préparer à franchir la clôture. Très rapidement, tout le monde a cherché à se cacher. Beaucoup ont essayé de se dissimuler entre le plafond et le toit au-dessus de la grande salle. J'ai dit à tous ceux qui étaient près de moi de partir. J'ai crié : "Partez, partez, on nous attaque !"... Je répétais à tous : "Courez, courez vite vous cacher." Chloé était encore en pyjama. Chloé, mes enfants, tout le monde a essayé de se cacher, dans la sacristie, dans les armoires, partout. L'abée Thaddée est entré dans une chambre, chez un prêtre tutsi. Avec un groupe de femmes, je suis entrée dans une autre. Nous étions huit à vouloir disparaître sous un lit à une place. Huit ! C'est dire l'état de panique dans lequel nous étions. Aujourd'hui, lorsque nous évoquons cette scène, nous en rions...

Soudain, j'ai entendu ce qui m'a semblé être des voix connues. Je suis sortie en fermant la porte de la grande salle derrière moi et j'ai vu une foule armée de gourdins, de pierres, de bambous et de machettes, j'ai reconnu des visages... des élèves du lycée de Rusengo, le mari d'une cousine... Je croyais pouvoir négocier. J'ai essayé de parler : "Il n'y a pas de criminel ici." Ils n'ont pas hésité, ils nous connaissaient, ils connaissaient l'endroit, ils savaient qu'il y avait des chambres et la grande salle. Ils savaient que j'avais la clef. Je ne la leur ai pas donnée, mais ils ont forcé la porte. Je leur ai demandé d'arrêter, mais l'un d'eux m'a giflée. "Encore toi ! Toi et tes idées. On va tout brûler, on va te montrer." Voilà ce qu'ils m'ont répondu.

Et ils m'ont frappée. Ils ont arrosé le plafond d'essence et ont mis le feu. Il n'y avait qu'une sortie. Il s'est ensuivi une telle panique que je ne savais plus qui allait où. Les attaquants étaient nombreux, nous aussi. Certains ont réussi à s'échapper. Les quelques Tutsis qui étaient restés avec nous ont pu sortir, sauf moi.

Alors ils m'ont attachée sur une chaise, ils ont arraché mes vêtements et ils ont assassiné des Hutus, un à un, devant moi, dans la cour.

Ils se rendaient dans les maisons voisines pour en chercher d'autres et les tuaient là ou sur la route. Ils les coupaient devant moi, à la machette, à un mètre ou deux de la chaise où ils m'avaient attachée. Et j'entendais : "Adieu, Maggy." Ils ont transpercé des corps avec des bambous. Certains de ceux qui étaient dans la cachette du plafond de la grande salle sont morts brûlés. D'autres ont fini par en sortir. Les uns dans un grand état de panique, d'autres très dignement, comme Cyprien.

Ils ont tué Cyprien. Cyprien était hutu, sa femme Juliette tutsie. Juliette m'a confié Lydia, sa petite fille, elle l'a déposée dans mes bras. Et sa sœur Lisette était contre moi. "Tu élèveras nos enfants, toi, ils ne te tueront pas." Ils ont coupé la tête de Juliette et l'ont lancée sur mes genoux. Le bébé était dans mes bras. Celui qui l'a décapitée, je le connais. C'était trop insupportable, je me débattais. Un des étudiants de Rusengo m'a alors aidée à me détacher, en échange des clefs de la réserve. Les assaillants étaient dans un état incroyable, comme s'ils étaient tous drogués.

J'ai compris qu'il n'y aurait plus moyen de les

faire changer. C'était terrible de voir des êtres que j'aimais commettre des choses pareilles. Ils avaient une double mission, tuer et voler. Ils avaient des objectifs, des cibles.

Je n'ai pas remarqué l'abbé Thaddée parmi les victimes, alors je l'ai cherché. Dans sa chambre, tout était dévasté. J'avais peur, de temps en temps je m'arrêtais pour me cacher. Jusqu'à 15 heures, je suis restée ainsi dans l'évêché à courir partout. Jamais je n'aurais pu imaginer que le massacre s'était généralisé à toute la ville. Les assaillants s'étaient répartis dans Ruyigi à la recherche d'individus précis, assassinant dans les rues, les maisons, devant la paroisse. Que faisait donc l'armée, comment cela n'a-t-il pu être empêché ?

Il y avait un tel désordre partout. Je voyais les hommes courir dans tous les sens, volant, pillant ce qu'ils pouvaient. J'ai alors pensé que je pourrais peut-être sauver quelques enfants en donnant de l'argent aux assassins. De l'argent contre la vie d'un enfant. Et la force me venait. Ce n'était pas le moment de hurler. Je suis entrée et j'ai pris les enfants dans le bâtiment en flammes. Le feu avait gagné partout. Depuis, je ne supporte plus le feu. Je courais, je tendais un peu d'argent à celui-ci ou à celui-là pour qu'il épargne les enfants, au moins les enfants. Pour qu'il les emmène à la menuiserie. On essayait de faire diversion, d'indiquer aux assaillants ce qu'ils pouvaient piller pour les occuper à autre chose qu'à tuer.

Dès que j'ai pu, j'ai essayé de retrouver Chloé. Je pleurais, je pleurais. J'étais sûre qu'elle avait été assassinée. À la chapelle de l'évêché, j'ai imploré

Dieu. “Seigneur, maman m’avait laissé un si bel héritage. Elle m’avait dit que tu étais Amour...” Je L’ai appelé à haute voix. “Chloé est-elle vivante, où sont mes enfants ?”

Vers 15 heures le feu s’est éteint. Le calme est revenu. Des assassins rôdaient, mais isolés. Ils achevaient les victimes, c’était terrifiant. Parmi les cadavres, dans le jardin, je n’ai vu ni Chloé ni l’abbé Thaddée.

Je me suis rendue à la menuiserie où s’étaient réfugiés les enfants. Ils étaient vingt-cinq. Nous avons cherché un endroit où nous cacher. L’un d’eux a suggéré le cimetière, alors nous y sommes restés tapis. Nous avions très peur. Soudain, un petit garçon a proposé de rejoindre la maison de Martin, Martin Novak, le jeune coopérant allemand. Il est parti le prévenir en courant. »

Maggy ferme les yeux. Elle ne pourra qu’esquisser ce qu’elle a ressenti alors.

« Nous nous sommes dirigés à la tombée de la nuit chez Martin. J’avançais dans la rue avec les enfants. On entendait la mort partout. Le bruit des gens frappés à mort. J’ai alors compris qu’il y avait d’autres massacres dans la ville, des heurts et des agressions. J’ai vu un chien qui emportait dans sa gueule un bras coupé. Les enfants avançaient dans un silence impressionnant malgré les larmes de quelques-uns. Il y avait tant de haine dans le regard des gens. J’avais l’impression qu’ils allaient sauter sur nous pour nous égorger. Je me souviens des moqueries, des femmes qui disaient : “Ah, elle est moins élégante maintenant !" Nous étions presque nus. Je n'avais sur moi qu'un voile de l'évêché. Une femme m'a prêté un tee-shirt. Nous étions blessés. Il y avait ce petit garçon avec ses neuf coups de machette à la tête. Celui qui avait porté ces neuf coups, l'enfant le connaissait.

Mes larmes avaient séché, j'avais une force incroyable. Mais il nous était de plus en plus difficile d'avancer : une foule compacte se resserrait autour de nous. La maman de mes nièces s'est presque jetée sur moi tant sa douleur était grande d'imaginer que ses deux filles étaient mortes. "Où sont mes enfants ? criait-elle, c'est toi qui les as tués, tu n'avais pas à les emmener." À ce moment-là, une camionnette s'est approchée. Un de mes cousins la conduisait. Mes deux nièces en sont descendues puis Chloé et d'autres enfants, tous ceux que j'avais adoptés. Ils venaient tous de l'évêché. Chloé s'était dissimulée dans l'armoire de la sacristie derrière les habits des prêtres. Ils ne l'avaient pas vue. Elle avait essayé de sortir, mais en entendant à nouveau des cris, elle était repartie se cacher.

Nous avons hurlé de joie sous les regards de haine et de mépris, tous si heureux de nous savoir mutuellement en vie. Mais le cercle s'est resserré autour de nous. Certains savaient qu'étant hutue et élève médecin, Chloé aurait dû être assassinée en priorité. Je percevais presque leur regret qu'elle ait été sauvée. Tout aurait pu basculer à cet instant précis s'il n'y avait eu les voitures de Martin et d'Alexis. Sans leur arrivée inopinée, nous n'aurions jamais pu faire les derniers mètres qui nous séparaient de la maison de Martin où d'autres rescapés avaient déjà trouvé refuge.

Lorsque j'ai compris que tous mes enfants avaient été épargnés, j'ai éprouvé une telle rage de vivre ! Je n'ai plus pensé qu'à une seule chose : m'occuper d'eux, au-delà de cette haine et de ce mépris que je venais de croiser dans les regards. »

Maggy se tait un moment. Je ne dis rien. Il n'y a rien à dire. Son visage rayonne à nouveau. Tout à coup une coupure d'électricité nous plonge dans l'obscurité. Et j'entends son rire qui éclate dans la nuit. « Tu vois, nous avons assez travaillé ! À chaque coupure, je pense à toutes ces soirées que j'ai passées dans le noir. J'ai dû attendre quarante-cinq ans pour avoir l'électricité dans ma région, alors une petite coupure... Eh oui, ça se passe comme ça chez nous ! Tu te souviens, la première fois où tu étais là, nous avions tout au plus une heure d'électricité chaque soir... Le courant va revenir... »

La lumière rétablie, Maggy poursuit : « Aujourd'hui encore, je ne comprends pas ce qui pousse un être humain à commettre de telles atrocités. Est-ce l'effet de groupe ? L'enchaînement d'événements incontrôlables ? La violence d'une émotion insupportable ? La manipulation ? Je cherche les raisons d'un tel emportement. Est-ce la perte intolérable d'un être cher ? La peur du regard d'autrui, d'être jugé lâche ? Le désir de s'enrichir, de se venger ? La rage d'avoir perdu la face ? J'ignore pourquoi j'ai été choisie dans cette foule pour agir, mais je sais qu'aujourd'hui, plus que jamais, j'ai l'audace de construire. Là où ont abondé les atrocités, je cherche à faire jaillir une joie sincère. »

Au moment d'aller nous coucher, elle me prend le bras pour me rassurer : « Ne t'inquiète pas, tous ces souvenirs ne m'empêcheront pas de dormir, nous avons trop à faire demain pour nous permettre des insomnies, et puis il y a eu tellement de belles choses après ! »

En m'endormant je repense à notre toute première rencontre. En janvier 1999, j'étais arrivée par le petit avion intérieur du PAM (Programme alimentaire mondial) sur la piste poussiéreuse de Ruyigi. Deux médecins de MSF Belgique étaient descendus avec moi. J'avais profité de leur voiture pour rejoindre le centre-ville et la maison d'hôtes où j'avais prévu de résider. En me déposant, ils m'avaient simplement dit : « C'est elle » en désignant Maggy. Elle était debout devant la bâtisse, légèrement en surplomb, donnant des ordres, râlant sur la propreté des lieux tout en riant. Elle portait un ensemble coloré très lumineux. Je me souviens qu'elle m'était apparue gigantesque, avec ses bras ouverts et son regard qui semblait embrasser tout, au-delà de l'horizon. J'avais été surprise par son rire et son exubérance, par l'évidence de cette femme extravertie au milieu d'un peuple si réservé. Par-delà ses mots et sa voix puissante, j'avais senti la délicatesse d'une intériorité inouïe, profonde, comme un univers entier qui aurait tenu en un seul être. Nous avions marché ensemble jusqu'à la Maison Shalom. Des femmes venaient d'accoucher. Maggy les avait sollicitées pour qu'elles donnent aussi à manger aux nourrissons orphelins.

En arrivant, j'avais trouvé une dizaine de femmes assises avec deux bébés dans les bras, le leur et un orphelin. Maggy avait précisé alors : « Les femmes musulmanes sont les plus ouvertes à cette démarche. »

Chapitre 3

Histoire d'une haine

Maggy dit de son pays et de l'Église qu'ils sont « ses deux parents malades dans leurs membres », mais qu'elle les aime car ils ont façonné ce qu'elle est. Le premier avec son histoire chaotique et douloureuse, la seconde avec ses valeurs et ses contradictions. « Un proverbe de notre pays affirme que celui qui veut être guéri doit avoir le courage d'avouer ses maladies. Si les Burundais ne regardent pas leur maladie, nous ne guérirons jamais. »

Malade, à quel moment le Burundi l'est-il devenu ? Difficile de trancher tant l'histoire de ce pays est controversée. Un programme d'écriture de l'Histoire a même été mis en place depuis 1997 par l'Unesco mais il peine à aboutir. C'est dire s'il est délicat d'établir une version des faits dont les récits varient radicalement d'un livre d'école à l'autre selon la position politique de l'auteur. D'autant plus difficile que la mémoire est particulièrement douloureuse.

Si, à l'origine, le territoire a été habité par les Twas, de la grande famille des Pygmées, cette troisième ethnie, désormais minoritaire (moins de 1 % de la population), est particulièrement pauvre, et même en voie de disparition selon certains, bien que davantage intégrée dans le nouveau processus démocratique. C'est donc bien entre les Hutus et les Tutsis que s'est jouée véritablement l'histoire du pays. Les premiers, peuple d'agriculteurs, seraient arrivés vers le Xe siècle, rejoints progressivement par les Tutsis, des pasteurs venus du nord. En fait, cette version simplificatrice de l'arrivée successive des ethnies aurait été ainsi formulée pour légitimer la domination des uns sur les autres ou réclamer des droits d'antériorité des premiers sur les seconds.

Une autre approche vise à privilégier la répartition clanique des pouvoirs et des fonctions. La société s'organisait autour de la royauté. La colonisation, tout en mettant en place un autre système, s'est appuyée sur cette structure. Maggy a connu cette organisation plus ancienne. Le fils du chef était un ami de son père. Il revient parfois dans la région pour parler aux enfants de cette période sereine des collines. À Ruyigi, les chefferies traditionnelles représentaient l'autorité locale chargée de la bonne marche de la société. Cette fonction noble, immuable, se transmettait de père en fils et, encore aujourd'hui, la référence à l'autorité reste présente chez certains paysans même s'il n'y a officiellement plus aucune charge. « Parmi nos familles, seule celle du chef disposait d'un véhicule. Il rendait des services à tout le monde avec sa camionnette, on pouvait le déranger à n'importe quelle heure. »

Quoi qu'il en soit, il semble que le mythe des « Tutsis évolués » et des « Hutus faits pour obéir » ait été méthodiquement véhiculé pendant plusieurs décennies par les missionnaires et l'administration coloniale belge présente depuis 1916. À cette époque, on pouvait lire dans des revues : « Les Tutsis sont si beaux et si intelligents qu'ils ne méritent pas d'être noirs » ! En 1936, lors de l'Exposition coloniale à Paris, les Africains étaient encore présentés aux Occidentaux comme des curiosités.

Après la Seconde Guerre mondiale, lorsque le mouvement de décolonisation atteint le Burundi, l'élite du pays, autour du prince Rwagasore, à son tour, souhaite l'indépendance. En octobre 1961, l'assassinat de ce dernier ne remet pas en cause le processus et, en 1962, le pays retrouve sa souveraineté. Des luttes de pouvoir, s'appuyant sur les principes ethniques, claniques et régionaux, voient alors le jour. En 1965, le Premier ministre, Pierre Ngendandumwe, est lui aussi assassiné, et les premiers massacres ont lieu, dans le Nord en particulier. Une première vague de Hutus quitte alors le pays pour se réfugier au Rwanda. Inversement, les Tutsis du Rwanda, qui commencent à être méthodiquement écartés du pouvoir, trouvent au Burundi une terre d'accueil.

Maggy se souvient des réfugiés, elle avait neuf ans : « Lorsque j'étais petite, j'ai étudié à l'école primaire avec ceux que nous appelions les *impunzi*, les réfugiés. Je ne comprenais pas ce que signifiait ce titre parce que nous parlions la même langue, avions les mêmes traits physiques. La seule différence, à mes yeux, était que le Haut Commissariat aux réfugiés leur apportait des aides qui, d'ailleurs, provoquaient parfois des jalousies. Je m'en suis toujours souvenue. »

Un an plus tard, en 1966, le Burundi connaît son premier coup d'État : Micombero, Tutsi du Sud, accède au pouvoir. Maggy ne se souvient pas d'un quelconque impact sur la vie des collines.

« Il n'y a pas eu de heurts dans notre région à cette période. Les Tutsis étaient très minoritaires, mais je ne me suis jamais sentie menacée. Il existait certes des différences. Par exemple, les Tutsis ne consommaient pas certains aliments comme les termites, les champignons, mais il y avait une cohabitation harmonieuse. Avec des conflits bien sûr, mais des conflits de droit commun comme le vol d'une vache ou un litige foncier.

Il existait aussi un sens de la solidarité très ancré et, si un paysan manquait de semences, il n'avait aucun problème pour en emprunter aux familles avoisinantes plus riches, et ce en dehors de toute considération ethnique. Nous vivions réellement dans une forme d'harmonie. »

À l'issue de l'école primaire, grâce à ses bons résultats, Maggy a l'opportunité de poursuivre ses études. En 1970, elle part en internat à Bujumbura. « Il n'y avait pas encore de distinction ethnique à cette période, l'éducation était vraiment une question de mérite. Les écoles avaient été créées par l'Église, les congrégations religieuses, et restaient tenues par elles. L'internat nous formait vraiment à devenir des femmes de ministres "bien éduquées, à l'européenne". Quand je repense à certains cours de bonne tenue, je ne peux m'empêcher d'en rire. Toutes les jeunes filles qui étaient avec moi sont aujourd'hui à des postes importants, de par leurs études ou leur mariage. On nous a vraiment élevées comme une élite avec une très bonne qualité d'enseignement. »

Maggy est encore lycéenne lorsqu'en 1972 une première épuration ethnique des intellectuels hutus a lieu dans tout le pays.

« J'avais seize ans. À l'internat catholique, nous étions mélangées. Des amies me confiaient que leur père, fonctionnaire, médecin ou pasteur, avait disparu. À l'école parfois, les enfants recevaient une lettre leur annonçant la mort d'un de leurs parents, d'un de leurs proches. Ils la mettaient dans leur poche et continuaient à faire comme si de rien n'était. Quand j'ai questionné maman en rentrant à la maison, elle m'a répondu : "Je n'en sais pas davantage, prions pour nos frères." Tout était tellement caché. Certains jours, des élèves pleuraient, mais personne ne voulait savoir pourquoi. Surtout pas. Plus tard, j'ai compris leur douleur de ne pouvoir s'exprimer. Elles n'en avaient pas le droit. Certaines ont dû déménager parce que leur maison avait été réquisitionnée ni plus ni moins. Le discours officiel était tel que nulle contestation n'était possible. C'était "pour le bien de la nation, il valait mieux oublier et regarder l'avenir". À partir de ce moment-là, chacun a cherché à savoir qui était hutu, qui était tutsi. Aujourd'hui je me demande si les commanditaires de telles exécutions avaient sérieusement envisagé que les enfants, les mamans pourraient sortir indemnes de ces souffrances et ne pas couver en eux un désir de vengeance. C'était bien mal connaître la nature humaine, ou bien se sentir si puissants et pour si longtemps... Et alors quelle arrogance ! Ils ont aussi abusé du rapport qu'entretiennent les Burundais avec la fatalité, ressort ancestral qui a longtemps permis de supporter des conditions de vie difficiles et qu'a exploité la religion chrétienne de manière simplificatrice : "C'est Dieu qui le veut !" Alors qu'il n'y a pas de fatalité. On nous a simplement pris pour des imbéciles et nous nous sommes laissé faire. »

À l'issue de ces massacres, le pouvoir a essayé de trouver des voies de réconciliation, mais il était trop tard, la société était déjà scindée. Cet épisode de l'Histoire est l'un des plus controversés. Répression démesurée d'une mutinerie qui, elle, aurait fait un millier de victimes tutsies. Impossible d'avancer un chiffre : 100 000 à 300 000 morts sur une population totale de 2,5 millions d'habitants. Le silence imposé a démultiplié la douleur. Une grande partie de la communauté hutue a été diabolisée dans le but de justifier les exterminations. Selon Maggy, c'est à partir de cette époque qu'une véritable ségrégation s'est installée et que la rumeur a été utilisée à des fins politiques. Rumeur insidieuse, accusations plus ou moins fondées qui ont progressivement transformé la société et le pays. L'histoire de Ruyigi fournit un exemple symptomatique de cette mutation. Elle représente celle du Burundi et de la société burundaise.

Les collines de Ruyigi n'étaient pas les plus fertiles ni les plus peuplées. La vie y était certes très rudimentaire, sans être réellement difficile. « Dans les collines, il fait rarement chaud, la terre est riche et tout pousse rapidement. Nous vivions donc d'une économie de subsistance. Un adage dit en kirundi : "Mange peu et couche-toi tôt." C'était comme cela à Ruyigi. »

La famille de Maggy possède de grandes terres, ses parents et ses oncles vivent dans des maisons disposées autour de la case ronde du grand-père que les colons ont imposé de construire en moellons. Aujourd'hui encore, une tante habite cette demeure de référence autour de laquelle se tiennent toujours les conseils de famille.

Polygame, le patriarche a eu quinze enfants qui donnent à Maggy de multiples oncles et tantes, et plus encore de cousins et de cousines. Les enfants jouent ensemble. Pour Maggy, l'arrivée de son petit frère, Apollinaire, en 1960 ne change rien à son rythme de vie. Petite fille, elle va puiser de l'eau à la source, au pied de la colline. Au-delà de cette limite, c'est, pour elle, un monde sauvage qui lui fait un peu peur. « Imaginez-vous [1], on nous avait mis en garde contre les singes qui risquaient de nous agresser lorsqu'on les croisait sur le chemin. Parfois, on apercevait aussi des gazelles que les hommes se faisaient une fierté de chasser et dont on aimait la viande. Il leur arrivait de rapporter un lion. C'était une vie simple et paisible. »

1. Maggy interpelle souvent son interlocuteur de cet « Imaginez-vous » qui a plus, dans sa bouche, les allures d'une adresse que d'un vouvoiement.

Un peu plus grande, Maggy osera gravir la colline : « Je pensais que, de là-haut, je pourrais toucher le ciel. »

Progressivement la colonisation et l'évangélisation entraînent la modernisation du pays. Si la génération du grand-père de Maggy est méfiante vis-à-vis de ces transformations, ce n'est pas le cas de celle de ses parents qui apprécie les avantages de l'éducation et l'amélioration des conditions de vie. Maggy a de très beaux souvenirs de Ruyigi lorsqu'elle était petite. La petite bourgade du centre, développée par les Belges grâce au commerce avec la Tanzanie, était belle. Elle aimait les bâtiments autour du marché, propres et bien construits, en brique ou en pierre.

« Lorsque je suis allée à l'école, mon grand-père m'a dit : "N'oublie jamais que c'est une école de Blancs, ne perds jamais le sens de la famille." » Dans cette école, que ses parents ont également fréquentée, Maggy se révèle sous un jour particulier. Bibi, son institutrice d'alors, se souvient d'elle vers l'âge de dix ans : « Elle ne supportait pas la saleté, qui nous était pourtant familière. Elle s'appliquait à nettoyer les enfants de paysans, leur enlevant les chiques, ces petits vers incrustés au bout des doigts. »

Mais s'il a inscrit ses enfants et ses petits-enfants à l'école des Blancs, le grand-père de Maggy reste méfiant vis-à-vis de la modernité et de l'Église où il se rend pourtant. Il refuse de planter la patate douce et le café imposés par les colonisateurs et part très tôt le matin verser de l'urine de vache pour en assécher les plants.

« C'était un homme très autoritaire mais très droit. Je me souviens qu'on lui apportait son déjeuner et personne ne devait le regarder car manger est un acte très intime au Burundi. Mais moi, je regardais. Il fallait toujours que je désobéisse.

À l'issue de la récolte en juillet, au moment de stocker les haricots, nous organisions une grande fête. Chacun se présentait devant le grand-père. Une vache était abattue. On préparait la pâte d'eleusine avec laquelle était enduite la calebasse de lait. Des prières spéciales étaient récitées en kirundi, des poésies pour bénir la prochaine récolte, des berceuses pour accueillir les nouveau-nés. Alors on était sûr de recevoir la bénédiction de Imana, dieu unique, parce que nous partagions nos biens en famille avec ceux qui avaient été malades et n'avaient pu cultiver la terre. C'était un moment important de réconciliation dans la famille, les problèmes étaient exposés et résolus. S'il y avait un absent, la cérémonie ne pouvait avoir lieu. »

Maggy évoque sa fierté d'avoir reçu cet héritage et su le bonifier à la manière dont son grand-père le lui avait enseigné. « "Mettez tout sur le tamis, gardez le meilleur et renvoyez les déchets loin de vous." C'est ce qu'il nous apprenait. » Une attitude qu'elle regrette de ne pas voir plus souvent dans son pays. « Nous avons gardé si peu de chose de notre culture traditionnelle, et sûrement pas le meilleur. Nous aurions dû nous battre, mais nous avons cédé à la pression de la modernisation et de l'évangélisation. »

En effet, petit à petit, les diplômes ont permis un accès généralisé aux postes de responsabilités alors que, traditionnellement, ces derniers se transmettaient par la lignée, pour les chefs, ou par le mérite. C'est le cas des *bashingantahe*, les sages chargés de la justice, qui étaient cooptés par la société. Toute la structure sociale se trouve donc modifiée dans un temps relativement court.

« La transition s'est faite difficilement et a accentué les ruptures sociales. "*Ukize akira isuka*", dit le proverbe, "tu es le bienheureux quand tu ne touches plus la houe", "*ukize akira iwabo*", "bienheureux celui qui quitte son village". Les fonctionnaires se sont mis à mépriser les paysans et leurs conditions de vie misérables à leurs yeux. Il n'était plus question pour l'employé de la commune de retourner dormir sur la natte ou de passer du temps avec la maman restée dans la case ou avec les frères et sœurs dans les collines. Un véritable fossé s'est créé, y compris au sein des familles où, par exemple, nous qui allions à l'internat étions traités de Blancs. »

À partir de 1974, élève interne chez les sœurs à Bujumbura, Maggy observe tout au long de ses études les transformations de la société burundaise. Elle tâche de garder vivante la tradition de ses collines tout en assimilant l'éducation qu'elle reçoit.

« J'ai toujours aimé Ruyigi et je voulais y retourner. Peut-être pour renouer avec une part de moi-même qui m'avait été retirée, tous ces rites traditionnels que mes cousines pratiquaient encore et qui m'étaient, en quelque sorte, interdits. Pendant toute ma scolarité, je revenais à Ruyigi seulement pour des vacances assez longues et je sentais le décalage entre la vie des collines et celle de l'école, avec les sœurs, où il n'y avait plus trace de notre tradition. Par exemple, lorsque je suis arrivée à l'internat, j'ai découvert le sens de la propriété qui n'existait pas chez nous. À la maison, entre les cousins, les enfants de passage, nous partagions tous les mêmes habits. Et soudain, les sœurs nous ont imposé de nous limiter à ce que nous avions apporté, et de tout ranger dans *notre* placard. J'ai été triste de ne pas pouvoir partager mes habits avec ma voisine de dortoir. Je me suis toujours sentie appartenir aux deux mondes. Lorsqu'en 1976 j'ai fini le cycle des humanités inférieures au lycée de Bujumbura, j'ai souhaité revenir à Ruyigi. Cela m'a semblé évident de m'y inscrire à l'école normale puis d'y enseigner à l'école publique. Je n'imaginais pas, contrairement aux autres, rester à Bujumbura. Et je suis revenue à Ruyigi. J'ai alors habité sur mes collines natales de Nyamutobo. Je faisais deux kilomètres à pied pour venir à Ruyigi tous les jours. Cela choquait les gens. Ils ne comprenaient pas que je puisse encore marcher maintenant que j'étais fonctionnaire. Cela n'a rien à voir avec des problèmes ethniques. Nous avons eu des problèmes de société et la question ethnique s'y est engouffrée. »

Le sens traditionnel de l'obéissance chez les paysans vis-à-vis des notables se déplace alors vers ces nouvelles figures du pouvoir local : le médecin, le commandant de district, le prêtre, l'instituteur, le chargé de développement, et plus tard le coopérant international. Tous, à leur insu, deviennent manipulateurs et manipulés. En effet, la politique n'a alors de sens que pour une toute petite minorité dans le pays. Le pouvoir se joue dans un cercle très restreint. Dans les collines, le concept de « coup d'État » n'existe même pas en kirundi. En 1976, le deuxième du genre place Bagaza à la tête du pays.

Lorsque Maggy devient enseignante en 1979, la ségrégation ethnique ne lui apparaît pas encore de façon évidente. Elle s'interroge sur le développement, l'amélioration des conditions de vie de sa région qu'elle regrette de voir stagner ou même régresser. Le secteur est très investi par l'Église et les missionnaires dont elle admire le travail. Après deux années d'enseignement, en 1981 elle s'envole vers l'Europe, à Lourdes, poursuivre une formation pour des femmes laïques au sein de l'association Auxillium. Des femmes de tous les pays s'y retrouvent engagées et actives. À plusieurs reprises, elle s'est interrogée sur son éventuelle vocation dans les ordres, mais elle a toujours senti que ce n'était pas réellement sa voie.

Parallèlement aux difficiles mutations sociales et économiques se joue une nouvelle guerre, ethnique et surtout régionale. Les différences sociales nourrissent la haine pour l'ethnie voisine. Il existe, bien sûr, des Tutsis pauvres et des Hutus riches, avec des différences frappantes selon les régions malgré la taille du pays. Mais la quasi-totalité du pouvoir est détenu par des familles toutes issues d'une même région, celle de Bururi, au sud du pays. Et si Maggy précise qu'elle n'a pas peur de le dire, c'est bien parce que, contrairement à elle, beaucoup de Burundais craignent d'affirmer haut et fort cette évidence.

De retour à Ruyigi en 1983, Maggy perçoit des signes clairs de transformation dans la société. La plupart des postes importants sont maintenant occupés par les gens du Sud, à commencer par celui du gouverneur local et des douze autres sur les quinze que comporte le Burundi. Tout comme sont originaires du Sud le conseiller, le médecin directeur de l'hôpital, les directeurs des écoles et des lycées, le comptable communal, le chef de la sécurité, le directeur de la prison, le directeur du projet d'agriculture et d'élevage. Maggy remarque les frustrations de tous ceux qui ont été écartés des postes clefs malgré leur compétence ou leur efficacité. Elle se désole du manque de compréhension des problèmes locaux de la part des nouveaux venus, de leur apathie, entraînant le déclin de Ruyigi. « Quelle différence avec les chefferies traditionnelles et la gestion communautaire des biens. Il y avait un sens de l'équité indéniable, je ne suis pas nostalgique, mais nous avons raté la transformation de la société, nous avons fait de mauvais choix. La population était appelée à payer des taxes alors qu'elle ignorait tout de l'usage qui en était fait. Il n'y a eu aucune formation sur les devoirs et les droits civiques. Il y avait des emprisonnements arbitraires. Les Burundais n'ont aucune culture de la contestation, et ceux qui s'y sont essayés ont été menacés. »

C'est dans ce contexte que Maggy reprend l'enseignement. Nous sommes en 1984. Les établissements sont devenus laïques. Maggy n'accepte pas d'être un instrument politique au service du pouvoir et refuse d'appliquer la politique de ségrégation ethnique qui s'est officieusement installée à l'école. Deux années de suite, des élèves hutus sont recalés dans son école malgré d'excellents résultats, tandis que des élèves tutsis médiocres passent dans la classe supérieure. Maggy s'indigne, réclame le même droit à l'enseignement pour tous. « Je ne pouvais pas accepter qu'on utilise le critère ethnique pour l'orientation scolaire, qu'un élève interrompe son cursus, alors qu'il avait réussi ses examens, au prétexte qu'il était né sur la mauvaise colline ; ou qu'un autre, parce que tutsi, bénéficie d'un passe-droit pour l'université. » On lui fait savoir que ce n'est pas son affaire. Elle insiste, est suspendue, mais ne se résigne pas et porte plainte contre l'État. À l'audience de ce procès qu'elle gagnera en 1986, c'est en ces termes qu'elle s'adressera à son ministre de tutelle : « Vous êtes en train de creuser pour notre patrie un gouffre dans lequel vous sombrerez vous-même ! »

Elle a trente ans.

À l'issue du procès, Maggy quitte Ruyigi pour enseigner un an à Gitega où elle retrouve malheureusement les mêmes difficultés. « Tu fuis la pluie et tu te retrouves dans le torrent », dit un proverbe burundais. Avec l'aide de l'évêché, elle obtient alors une bourse pour suivre des cours de secrétariat de direction en Suisse. « Il me fallait une formation extérieure, je dérangeais par mon comportement. » Les trois années en Suisse seront interrompues par un séjour de six mois pour veiller sa mère malade d'un cancer, qui mourra en 1989. De retour à Ruyigi, en 1990, l'évêque lui propose un poste au Bureau de développement diocésain. Le discours dans le pays est toujours le même : paix et réconciliation, tel est le message officiel ; exclusion et intimidation systématique, telle est la réalité quotidienne à laquelle elle est de nouveau confrontée. « Comment voulez-vous que tant de mensonges et de faux-semblants ne finissent pas par exploser ! »

Le mensonge et le faux-semblant cultivés depuis des générations au Burundi ont eux aussi leur part de responsabilité dans les massacres périodiques qui ont traversé le pays jusqu'à son embrasement à partir de 1993. « C'est comme un abcès qui a crevé. » Cette culture du non-dit et de l'hypocrisie est un véritable fléau dans ce pays où le « faire comme si » tient lieu de relation à l'autre. « Les Burundais n'ont jamais appris à développer leur personnalité, à avoir confiance en eux. Tu te maries, ton mari ne te respecte pas, tu fais comme si... Tu n'es pas croyant, tu continues à consulter les sorciers, tu vas à la messe, tu fais comme si... Ton mari t'a frappée, tu dis que tu t'es cognée, tu fais comme si... Et c'est comme ça pour tout. »

En 1987, dans la capitale, un troisième coup d'État a eu lieu. Le major Buyoya, tutsi, a pris le pouvoir par la force. L'année suivante, d'importantes vagues de massacres ravagent le nord du pays.

En 1992, au sommet de La Baule, le président français François Mitterrand invite les gouvernements africains à s'ouvrir à la démocratie en échange de la poursuite de la coopération française. Dès le mois de juin 1993, des élections libres ont lieu au Burundi. Le major Pierre Buyoya recueille 35 % des voix, soit bien davantage que celles de son ethnie (14 %) mais pas assez cependant pour être élu. Les partis opposants, qui ont fait campagne dans l'urgence, ont utilisé l'argument ethnique inspiré par les thèses des extrémistes hutus du Rwanda, eux aussi majoritaires mais au pouvoir depuis l'indépendance de leur pays.

Il est indéniable que le concept ethnique est devenu un outil politique efficace puisque c'est finalement le Hutu Melchior Ndadaye qui est élu président. Tout récemment sorti de la clandestinité, le nouveau pouvoir n'est pas bien préparé. Les paysans qui espéraient un changement radical, suite aux promesses électorales, s'impatientent devant des résultats qui tardent à venir. Le climat de peur se renforce au sein des deux communautés : chez les Tutsis qui voient leur pouvoir diminuer et assistent, impuissants, à la montée du génocide au Rwanda ; chez les Hutus, profondément marqués par la politique de ségrégation menée à leur encontre depuis des dizaines d'années. Les extrémistes de tout bord, des deux pays, ont profité de ces heurts successifs pour exacerber leurs positions de plus en plus exclusives.

D'un côté, au Rwanda, le pouvoir aux mains des Hutus a ouvert la voie à un génocide organisé et planifié, instrumentalisé depuis 1992 à l'encontre des Tutsis minoritaires. De l'autre, au Burundi, les Tutsis au pouvoir depuis l'indépendance ont du mal à faire une place aux Hutus pourtant largement majoritaires. Le souvenir vivace d'une cohabitation pacifique n'a pas empêché la divulgation de logiques qualifiées de part et d'autre de « génocidaires ».

Lorsque le Hutu Melchior Ndadaye est assassiné le 21 octobre 1993, les massacres interethniques éclatent dans une partie du pays, mêlant révoltes, embrasements populaires et manipulations politiques et ethniques.

Aujourd'hui encore, après dix ans de guerre civile et deux années de paix, la logique de séparation ethnique est très forte, et même si elle n'a pas de légitimité historique, les conséquences qui en découlent doivent être assumées par tout un peuple. Des centaines de milliers de gens sont morts depuis quarante ans en raison de leur seule appartenance ethnique. Beaucoup ont, aujourd'hui, conscience d'avoir subi des souffrances inutiles.

« Très sincèrement, m'a dit un jour Maggy pour résumer sa position, je pense que l'ethnie est un faux problème. C'est l'extrémisme qu'il faut combattre, la discrimination quelle qu'elle soit. Culturellement nous ne sommes pas portés à penser par nous-mêmes, mais il me semble que nous ne pouvons plus faire l'économie de cette révolution-là. Chacun doit se réapproprier sa vie.

De nombreux pays sont passés par des guerres civiles ou des guerres de religion atroces. Chaque peuple a traversé des périodes difficiles, mais chaque peuple a eu ses prophètes. Je cherche les prophètes. »

Chapitre 4

Au nom de l'Évangile

Le soleil se lève tôt, et à peine levé, il court à la verticale vers le zénith. Six mois au sud, six mois au nord. J'entends la cloche de la première messe. Il doit être à peu près 7 heures, Maggy est levée depuis longtemps. Lisette et Lydia se préparent pour l'école. On entend de merveilleux chants d'oiseaux. Il a plu cette nuit, c'est une fête, la lumière est limpide. L'appel du muezzin a retenti aussi bien que les cloches.

Deux femmes s'affairent à la cuisine. La table du petit déjeuner est déjà prête. Marie-Lucie, une amie de lycée, aujourd'hui gestionnaire de la Maison Shalom, attend Maggy en parlant avec Christoph et Traudl. Le couple, aux côtés de Maggy dans les années les plus noires, habite aujourd'hui en Allemagne. Ils sont ici pour évaluer les projets de la Maison Shalom financés par la Caritas Allemagne pour laquelle Christoph travaille. Celui-ci semble très calme, profond. Je serre la large main qu'il me tend tout en me présentant Traudl, sa femme. Leur présence est une aubaine pour tâcher de mieux cerner le travail de Maggy.

Elle entre dans la pièce, des dossiers plein les bras, suivie par Immaculée qui vient pour nous saluer. Arrivée en 1994 à la Maison Shalom après le décès de sa mère, cette jeune femme est devenue, à la fin de ses études, l'assistante de Maggy. Souriante, elle me présente son dernier-né puis se retire dans son bureau où le téléphone a déjà retenti dix fois. Maggy donne deux ou trois consignes, règle quelques affaires courantes et s'inquiète du chauffeur. Elle voudrait passer chez sa « fille » Justine et prendre la route pour le camp de Kabuyenge accompagnée de Prime, l'un des piliers de la Maison Shalom. Ensemble, ils doivent faire une évaluation du projet d'une coopérative. La voiture est prête, remplie de provisions jusqu'au toit.

Ce matin, je voudrais aller à l'évêché. Maggy, elle, ne peut plus y retourner.

« J'ai beaucoup raconté, j'y suis beaucoup retournée parce qu'il le fallait et aussi parce que j'étais trop en colère, je voulais crier au monde ma révolte devant ce que j'avais vu, le pire de l'humain. Et pourtant l'homme est aussi capable du meilleur. Si j'y retourne, j'entends les cris, je vois les flammes, les coups de machette, le sang, les membres découpés, mon impuissance, et la haine aussi, je vois la haine et je pleure. »

Elle n'est pas un être du passé mais de présent et d'avenir. Elle ne veut rien oublier, mais elle veut construire. Cette douleur qui vit en elle, elle ne la nie pas. La façon qu'ont ses yeux de se mouiller parfois d'un seul coup en témoigne. Mais presque dans le même instant, son sourire l'illumine et c'est comme un arc-en-ciel où se mêlent la pluie et le soleil. C'est sans doute aussi ce qui fait son exception : sa capacité à tout prendre de l'humain, le meilleur comme le pire, le plus évident comme le plus difficile, aussi bien chez les autres qu'en elle-même.

Je marche lentement sur la route qui mène à l'évêché. Je passe devant les cathédrales : l'ancienne, trop petite mais pourtant toujours utilisée, face à la nouvelle, immense, spectaculaire et encore inachevée. Le dimanche, la cathédrale ne désemplit pas et chaque office accueille les Burundais endimanchés qui se pressent une messe après l'autre, pour leur sortie hebdomadaire. Il n'y a pas tant de distractions à Ruyigi.

Les travaux de la cathédrale ont empiété sur la cour de l'école du diocèse, maintenant envahie de gravats. Les enfants ne peuvent plus y jouer librement. Les salles de classe délabrées attendent une hypothétique rénovation. Et pourtant il y a deux cathédrales à Ruyigi. Affaire de priorité...

L'évêché est un lieu coquet. Les hauts murs protègent les bâtiments intérieurs entourés d'arbres, de petits jardins. L'économe m'ouvre la porte. Il me reconnaît et m'accompagne. Il sait ce que je viens voir.

La grande salle a été entièrement refaite à neuf. Pas une trace, pas une plaque commémorative, rien. Tout est effacé et je me demande quel lien on entretient ici avec la mémoire, indispensable pour conjurer la répétition et faire bifurquer l'Histoire. Rien ne laisse deviner que des massacres ont eu lieu ici en octobre 1993. Maggy me racontera plus tard qu'une petite plaque, discrète, a bien été apposée sur le mur de la chapelle de l'évêché. Une petite plaque si discrète que je ne l'ai pas vue, de cette discrétion propre aux Burundais chez qui la réserve, le non-dit et l'obéissance relèvent d'un sport national contre lequel Maggy, révoltée, indépendante et désobéissante, s'est construite.

À l'image peut-être de sa grand-mère paternelle qui, après la naissance de son premier-né, le père de Maggy, abandonne enfant et mari pour suivre un commerçant en Ouganda, ce qui n'est pas très fréquent pour une Burundaise en particulier. À l'image aussi de sa mère Thérèse, veuve en 1962 à l'âge de vingt-quatre ans, qui refuse de se remarier avec l'un des frères de son mari comme la coutume le veut, et prétend rester fidèle et honorer la mémoire du père de Maggy. Non seulement elle n'acceptera pas de quitter sa maison, mais elle réclamera la part d'héritage familial à laquelle la femme, au Burundi, n'a droit qu'à la condition de rester proche de la famille du défunt, de ne pas se remarier, de ne pas avoir d'autres enfants. Le grand-père paternel de Maggy acceptera, désobéissant lui aussi une première fois à la tradition, puis une deuxième, en demandant à sa belle-fille de transmettre le nom de son fils bien-aimé, Barankitse.

Au Burundi, depuis l'évangélisation, chaque enfant reçoit un prénom chrétien et un patronyme à sa naissance. Le choix du prénom de Marguerite s'est fait en référence à une tante maternelle très stricte, célibataire, une femme de devoir ayant adopté sa mère Thérèse, orpheline très jeune, mais en qui Maggy n'a jamais pu voir la figure douce d'une grand-mère. Son patronyme est Habonimana, « Dieu qui veille » en kirundi. Lorsqu'en 1962 Michel Barankitse meurt d'un cancer, le grand-père, très affecté, demande à Thérèse de changer le nom de famille de ses deux enfants, Maggy et Apollinaire, pour Barankitse, « On m'en veut ».

« Les familles donnaient ces noms terribles par peur, pour détourner l'attention d'autrui, ne pas faire envie. Maintenant, c'est tout le contraire, on ne donne que des prénoms de joie, d'espérance, de chance, là aussi de façon exagérée. Pour mon grand-père, la famille était un don sacré, “un cadeau du Très-Haut”, c'est comme ça qu'il disait. Mais “On m'en veut”, je ne veux pas porter un plan d'action pareil ! » Maggy est pourtant fière de porter le nom de cet employé des Postes qui, à la naissance de sa fille, l'emmène se faire baptiser à seize kilomètres de là et lui donne ses premiers bains, désobéissant lui aussi à l'habitude et à la tradition. Un homme qui donne le bain à son enfant, au Burundi, c'est une hérésie ! Comme sa mère est faible après l'accouchement, le père donne le biberon avec bonheur. Il n'a pas honte de la porter dans ses bras à l'extérieur de la maison. Au contraire, il en est fier. « J'aimais beaucoup papa, beaucoup plus encore peut-être que maman. Il avait un regard... Tout chez lui inspirait le respect. Il était très juste. Les autres enfants venaient chez nous sans cesse parce qu'il racontait des histoires. C'était un homme aimable et généreux. Mon frère Apollinaire tient de lui, bien plus que moi ! »

Depuis qu'elle est petite, Maggy n'a pas cessé de désobéir. Aux sœurs de l'école primaire d'abord, lorsqu'elles la réveillent à 6 h 30 avec la cloche pour aller prier à la chapelle ; pour la petite Marguerite, on ne prie pas à heure fixe. « Je disais aux sœurs que j'irais prier lorsque j'en sentirais le moment. » Aux surveillantes de l'internat, ensuite, quand elle fait le mur pour aller danser. « Il y avait Jeannine, que l'on surnommait *kad* Jeannine (la petite Jeannine). Nous faisions le mur pour aller danser en mettant des coussins dans nos lits pour faire croire que nous dormions. Après avoir fait la fête toute la nuit, nous étions les premières à la messe, et avec quelle énergie ! »

Face aux éducateurs de l'école normale où elle se prépare à être enseignante, elle est aussi indisciplinée. Une de ses amies étudiante avec elle témoigne : « Imaginez-vous qu'elle pouvait demander la permission de rentrer à la maison pour rapporter des vivres à distribuer aux élèves internes qui venaient de loin et qui, par conséquent, n'avaient pas la chance d'être en famille. Si la permission lui était refusée, elle faisait tout pour disparaître de l'école à l'insu des professeurs. Et elle n'était pas en retard à l'étude de 17 h 30 où elle imitait le professeur ajustant son pantalon ou tirant sur sa barbe quand il n'avait rien à dire, ou encore le directeur – un moine – qui fumait sa pipe, haranguant les élèves ou grondant les filles coquettes dont Maggy était. Elle ne se pliait pas devant un éducateur injuste. » Plus tard, en Europe, on la surnommera même « Pas question ».

Aux normes sociales elle désobéit aussi. Maggy

refuse de se marier ou de devenir religieuse comme le veut la condition de la femme au Burundi à qui peu de perspectives sont offertes. « Je ne suis pas devenue religieuse parce que ce n'était pas ma vocation, même si j'aimais prier. Je pratiquais la religion dans tous les actes de ma vie, j'allais à l'hôpital, j'allais vers les orphelins. Même au lycée, j'étais dans les milieux catholiques, je participais à des actions caritatives et je voulais aller voir Mère Teresa. Mais il est vrai aussi que je ne savais pas obéir. C'est une compétence que je n'avais pas. En tant que religieuse, tu dois obéissance totale. Je n'aurais pas pu aller au couvent et mettre des vêtements qu'une mère supérieure aurait achetés pour moi. » Femme libre, même si elle n'a jamais très bien su comment cela se traduirait pour elle, elle veut rester fidèle à cet appel qu'elle a senti au plus profond de son être depuis toujours, cet appel dont parle l'Évangile qu'elle a étudié à Lourdes au sein de l'association Auxillium. « À Lourdes, j'ai reçu un enseignement qui m'a permis de réaliser mon rêve : témoigner de ma foi en tant que laïque au milieu du monde. » Selon une de ses amies en charge de ce centre, « elle avait tous les talents, elle aurait pu devenir une brillante femme du monde, mais elle avait une rare quête d'absolu. Ce qu'elle a fait avec la Maison Shalom la dépasse aujourd'hui, elle le vit comme une grâce révélée par son engagement auprès des enfants ». L'absolu, Maggy n'a soif que de cela. « Si le monde avait compris le message de ce fou de Nazareth, comme il serait beau. » C'est sa mère qui lui a transmis ce message et lui en a donné les preuves quotidiennes tout au long de sa vie.

« Maman était une femme très bonne, toujours joyeuse, même lorsqu'elle a été malade. Pendant les six mois où je l'ai veillée avant sa mort, jamais je ne l'ai entendue se plaindre. Elle a été gaie jusqu'à son dernier souffle. Lorsque j'étais petite, sa bonté me révoltait parfois. Il fallait toujours que nous partagions tout avec les autres, et je voyais qu'elle se faisait sans cesse rouler par celui-ci ou celui-là. Ce à quoi elle me répondait : “Si on ne t'a jamais roulée, c'est que tu n'as jamais été bonne.” Elle était naïve, mais cette naïveté chez elle était une force. Lorsqu'elle a entendu parler du massacre de Sabra et Chatila au Liban, elle a fait une collecte et a tout transporté jusqu'à l'aéroport de Bujumbura pour le donner à une de ses amies. Puisque cette dernière prenait l'avion, maman a pensé qu'elle pourrait faire une petite escale pour apporter son aide aux Palestiniens qui en avaient besoin ! Fille unique, orpheline, elle n'a pas connu l'école, mais sa simplicité de cœur égalait tous les enseignements. Elle avait de vraies convictions qu'elle m'a transmises. Les paroles du Christ ne valaient à ses yeux que dans leur mise en pratique. L'égalité entre les êtres, le partage, l'écoute de la souffrance de l'autre, la défense du plus vulnérable, la dévotion, toutes ces valeurs étaient essentielles pour elle. Elle m'a appris la sincérité. Quel beau cadeau ! Elle n'avait pas de tabou. Lorsqu'un enfant était dans le besoin, quelle que soit son ethnie, elle le prenait à la maison et s'en occupait. Elle ne comptait pas. Le grenier était plein de sorgho, l'étable de vaches. Nous connaissions l'abondance, nous pouvions partager. Chaque dimanche, elle m'envoyait apporter de la nourriture à l'hôpital au cas où un malade aurait été négligé par sa famille. Son attitude n'était pas commune. Elle ne jugeait pas les autres et n'attachait aucune importance au regard qu'ils pouvaient porter sur elle. C'était une femme indépendante et bonne. Même lorsqu'elle a été lésée dans le partage des terres, elle a eu la douceur de dire : "Il est plus important de conserver l'amitié d'un oncle que de le mener devant le tribunal." Et elle était si gaie, si gaie. À côté d'elle, comme je suis sévère ! »

L'Évangile, c'est aussi au sein de la religion catholique qu'elle l'a découvert, même si avec cet esprit de liberté et de générosité dont elle a hérité, elle s'est parfois révoltée contre les principes trop rigides de l'Église.

Depuis l'arrivée des missionnaires à Ruyigi en 1933, les œuvres caritatives participent à la structuration de la société : construction de centres de santé, d'écoles, prise en charge de l'éducation. Maggy reste admirative devant ces hommes et ces femmes qui ont ainsi coupé tous les ponts avec leur pays d'origine, leur famille, pour intégrer d'autres coutumes que les leurs. Elle l'est encore davantage devant ceux qui ont été chassés du Burundi, subissant l'ingratitude de son pays, ou devant ceux qui sont restés au milieu des massacres. Elle est plus réservée sur le processus d'évangélisation « en surface ». Aujourd'hui elle s'inquiète de la prolifération grandissante des sectes.

« J'ai croisé au sein de l'Église des êtres d'exception comme le nonce apostolique assassiné en 2003 alors que sa mission allait s'achever après trois ans de travail au Burundi. Il était irlandais et il avait fait l'effort d'apprendre notre langue. C'était un homme extraordinaire, un modèle pour moi. Un vrai chrétien, un témoin. Qui est allé jusqu'au bout. Il a véritablement risqué sa vie pour mener à bien sa mission. Il a risqué sa vie pour libérer l'évêque de Ruyigi enlevé un lundi de Pentecôte et détenu pendant une semaine. L'un de ses discours, encore lu dans tout le pays, commençait par ces mots : "Je vous exhorte à cesser de tuer vos frères et sœurs." À sa mort, j'ai choisi de ne pas me décourager et de suivre son exemple. Je crois à la bonté humaine. Beaucoup de prêtres ont été assassinés. J'ai honte que de tels actes aient pu être commis dans un pays qui se dit chrétien à 70 %.

L'évêque de Ruyigi, monseigneur Joseph, ami de mes parents, m'a montré les valeurs évangéliques. Auprès de lui, j'ai appris la bonté. Il avait perdu ses deux frères dans les massacres de 1972, mais il est resté bienveillant pour tout le monde. Il y avait un lien presque filial entre nous. Et, comme l'enfant qui grandit et doit quitter ses parents, j'ai dû prendre mon envol. Les difficultés ne manquent pas, mais à la façon dont un enfant en rencontre avec ses parents. Nous nous devons tellement aujourd'hui, lui et moi.

La journée du 24 octobre a montré à quel point la pratique de la religion dans notre pays avait un côté superficiel. Cela n'enlève rien à la sincérité de certains, mais il faut bien se rendre à l'évidence : un réel consensus a permis ces massacres, y compris dans un lieu sacré. Jamais je n'aurais cru que nous puissions, dans un tel lieu, ne pas être en sécurité. Imaginez-vous, un dimanche en plus ! Et ce lieu n'a pas été respecté parce qu'il existe dans le cœur des hommes un lieu où ces tueries ont été possibles. Alors de quelle pratique religieuse s'agit-il ? Je parle haut et fort de la farce générale, mais je ne dénonce personne, ni celui qui a forcé les portes de la grande salle, ni tous ceux qui sont venus avec ces pierres, ces bambous, ces machettes, qui ont donné des fusils aux jeunes étudiants. On ne peut pas condamner un homme, on peut seulement condamner un acte, un geste. »

Mais elle sait aussi que la Maison Shalom n'aurait sans doute jamais existé sans l'Église et ses organisations caritatives. « Imaginez-vous tout ce que m'a donné cette mère, non seulement la parole de l'Évangile mais aussi l'aide matérielle. Jusqu'à aujourd'hui c'est encore l'Église catholique qui finance une bonne partie de la Maison Shalom. C'est une mère qui n'a jamais cessé de nourrir ses enfants, et ce dès le début de notre action. Les agences onusiennes et les ONG sont venues bien après. L'Église a certainement beaucoup de taches, mais vivre l'Évangile libère. »

Dans le silence de la grande salle de l'évêché, c'est à toutes ses paroles que je pense.

« Nous avons besoin d'actes pour déraciner le germe de cette folie qui a eu lieu. Nous avons aussi besoin que justice soit faite et je la réclame car c'est un devoir de société. Il est essentiel de montrer que certains actes sont répréhensibles. L'impunité est une bombe à retardement. Mais il y a trop d'assassins dans notre pays, on ne peut pas juger tout le monde. C'est une réalité avec laquelle nous devons vivre. Je ne dis pas qu'il faille l'accepter mais nous devons chercher un cadre dans lequel la haine de l'autre, si féroce, n'ait vraiment plus sa place. Nous devons inventer une façon de vivre sans haine, qui apparaisse gratifiante aux yeux des gens. Aujourd'hui, je vois des personnes se transformer, je vois des extrémistes qui commencent tout doucement à se rapprocher, à penser autrement, c'est-à-dire par eux-mêmes et non plus en fonction du groupe dont ils sont issus et qui les a conditionnés. Cette démarche est assez récente mais elle est belle. Ce travail intérieur n'épargne pas les hommes d'Église, au contraire. Ce sont les premiers à devoir l'accomplir. Sinon cela recommencera. Le peuple a besoin de paroles sincères. Malgré tout ce qui s'est passé, il vient encore les chercher au sein de la religion, et cette attente ne doit pas être déçue. »

Je ne veux pas quitter l'évêché sans passer par ce cimetière improvisé où Maggy a enterré les soixante-douze corps au lendemain du massacre. « Le vicaire général a fait appel aux prisonniers. Il fallait faire vite, il y avait des gens qui nous guettaient. Nous avions peur qu'ils viennent les déterrer pour leur voler leurs biens. Nous avions déjà constaté que des chaînettes en or avaient disparu. » Aujourd'hui la sépulture n'est plus entretenue. Un bougainvillier blanc lutte avec les ronces près des grands eucalyptus alignés. Trois vaches broutent distraitement. D'autres tombes, plus petites, sont venues s'ajouter. Félicie, 22-27 juillet 2004. On meurt jeune au Burundi. Je regarde la sépulture où sont inscrits seulement une dizaine de noms sur les soixante-douze supposés y figurer. Dix noms suivis de la formule « et leurs amis » qui recouvre à elle seule des dizaines de vies. On meurt anonyme au Burundi. Certains de ceux qui se sont réfugiés dans l'évêché et ont été assassinés lors de cette journée venaient des collines voisines, de passage à Ruyigi. On ignorait leur identité et personne n'est jamais venu s'enquérir de leur disparition. Il semble que l'on naisse et meure ici plus anonymement qu'ailleurs. Combien sont-ils au Burundi qui ont vu le jour sans acte de naissance, n'ont jamais été enregistrés à l'état civil et mourront sans acte de décès ? Reste parfois un certificat de baptême sorti des registres de l'Église, mais seuls les catholiques sont concernés.

Or, sans nom, sans trace, quel travail de deuil les vivants peuvent-ils accomplir ? D'autant que l'évangélisation massive du pays a elle aussi brouillé les pistes, les cimetières n'ayant jamais remplacé symboliquement les sépultures traditionnelles et le rapport aux ancêtres d'autrefois. Les morts, toujours enterrés au pied d'un arbre, étaient visités chaque jour et recevaient un petit cadeau ou de quoi manger. Tout le monde savait exactement où chacun se trouvait. Un seul aspect de la tradition a perduré : les trois cérémonies de deuil. Rapidement après le décès, et pour des raisons sanitaires, le mort est enterré. Puis vient la levée partielle du deuil, une semaine après. Une troisième cérémonie a lieu un an plus tard, période durant laquelle chacun peut s'exprimer sur le défunt, réclamer une part d'héritage, déclarer des enfants naturels. Après quoi on ne parle plus du disparu, ses traces sont effacées. Mais que faire quand il n'y a pas même une tombe, ni même un nom ?

« Il est de notre responsabilité d'honorer les morts pour mieux rendre hommage à la vie. Car si les morts ont leur juste place, les vivants trouveront d'autant plus aisément la leur. C'est un travail complexe mais indispensable. Que signifiait cette sépulture pour ces corps alors que nous avions tant à faire avec les vivants ? Je ne me suis même pas posé la question. Il fallait que je leur offre une sépulture digne. Mais c'est seulement en juillet 1994 qu'ils ont pu avoir une tombe. J'en ai éprouvé un grand soulagement. Avec les enfants, nous avons pu enfin nous recueillir ouvertement, non plus sur un drame, mais sur un lieu de repos. Cela change tout. Ils ont pu trouver dans leur cœur un endroit pour les appeler "papa, maman" sans entretenir la haine pour ceux qui les leur avaient enlevés. Identifier cette tombe, c'était pour les enfants retrouver une dignité. J'ai mesuré alors toute la douleur de ceux qui avaient perdu leurs parents lors des massacres de 1972. Cette douleur a été infiniment décuplée par l'impossibilité de pleurer ces disparitions. Je n'avais pas compris à l'époque, même en vivant avec Chloé, à quel point des vies entières avaient été ainsi bafouées et comment, par ces injustices, des désirs de vengeance terribles avaient été nourris. Les enfants de 1972 étaient devenus les adultes de 1993. »

Aujourd'hui au Burundi, des centaines de milliers de personnes doivent accomplir un travail de

Le 24 octobre 1993, à l'évêché, soixante-douze personnes sont assassinées devant Maggy et les enfants.

Près de l'évêché, la sépulture des soixante-douze victimes.

La maison de Martin où, en octobre 1993, Maggy a trouvé refuge avec vingt-cinq enfants orphelins, dont Lydia, Lisette, Justine et ses frères et sœurs.

La vie quotidienne reprend son cours dans l'école rénovée devenue la Maison Shalom.

Les collines aux abords de Ruyigi.

Bibi avec Dieudonné avant le départ pour l'école.

nfants du voisinage à la fontaine dans le village de Nyamutobo.

Devant la case traditionnelle, Modeste, soignée en Italie, retrouve son père et sa sœur.

La Maison Shalom soutient une veuve malade du sida et ses quatre enfants.

: "Garage des Anges" dans le centre de Ruyigi, où les enfants-soldats et les jeunes
:scolarisés se forment à la mécanique.

. la "Cité des Anges", séance gratuite de cinéma pour les enfants le samedi matin.

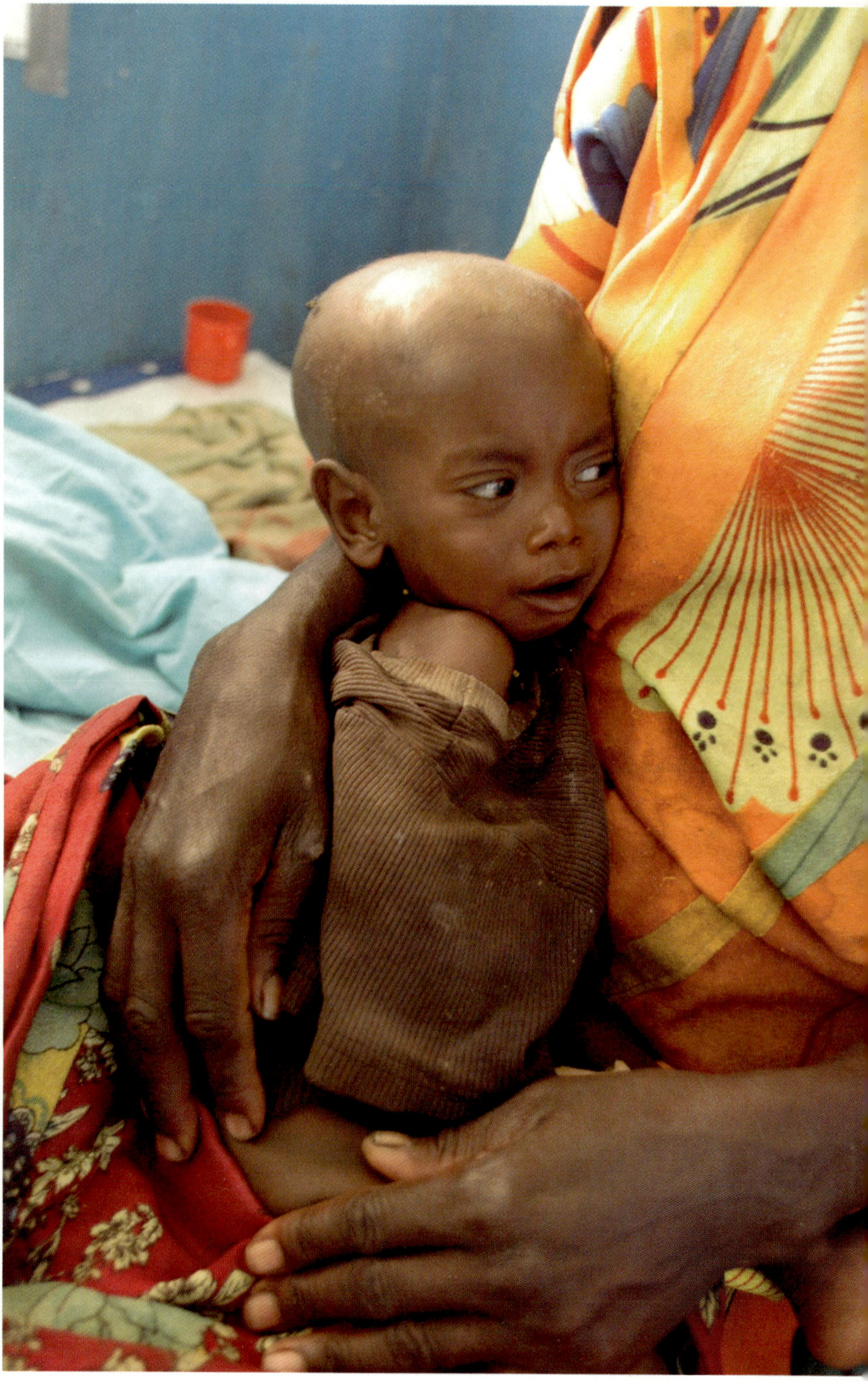

Prochaine étape pour la Maison Shalom : la création d'un hôpital et d'une maternité.

e jeune homme, veuf et père depuis vingt-quatre heures, confie sa fille à la Maison ıalom.

hloé, “fille” aînée de Maggy, médecin depuis février 2005.

Une journée de Maggy sur le terrain. Des milliers de kilomètres parcourus sur les piste

Les collines frontalières de la Tanzanie ont été dévastées et désertées à cause des combats.

a Maison Shalom est à l'écoute des plus démunis.

Des réfugiés rentrent au pays après plusieurs années d'exil.

La Maison Shalom en mission sur les collines de Gisuru pour évaluer la reconstructic
de l'école en paille.

ime assure le suivi de la construction de la coopérative du camp de rapatriés de abuyenge, à la frontière tanzanienne.

L'espace de recueillement mitoyen avec l'hôpital.

aggy et Lydia.

ans les bras de Lisette, un bébé hébergé par la Maison Shalom.

deuil. Chacun dans sa famille a perdu quelqu'un. Grâce à des actes fondamentaux comme la construction de cette tombe, Maggy ose questionner le rapport de sa société à la mort. Elle mesure aussi petit à petit tout le travail à accomplir pour soulager ces douleurs portées par les Burundais et laissées en suspens.

Je quitte le cimetière pour retrouver un de ces enfants qui avait sept ans en 1972 lorsque son père, pasteur, a été tué. À l'époque, Chloé n'a pas pu pleurer son père. Dernière d'une famille de douze enfants, elle vient de Bururi, les collines du Sud d'où sont originaires les trois premiers présidents et les principaux hommes de pouvoir du Burundi. Mais elle est hutue. Elle avait treize ans lorsqu'elle a rencontré Maggy et presque seize lorsqu'elle est devenue sa « fille » à la mort de sa mère.

Chloé, la « fille aînée » de Maggy, m'attend devant les portes de l'évêché. J'ai fait sa connaissance récemment et, discrètement, doucement, elle m'a confié ses peines, ses joies, ses difficultés. En effet, ce n'est pas si facile d'être à la fois l'élève, la fille aînée, l'amie, la collègue et la sœur de Marguerite. Car c'est ainsi que Chloé l'appelle et, curieusement, le prénom d'origine semble révéler une intimité bien plus grande encore que le surnom. Très réservée, contrairement à Maggy, Chloé est comme en retrait d'elle-même. Je crois sentir que son apparence discrète et calme cache une forme de violence douloureuse, celle de toutes ces années où la guerre civile a pétri sa jeunesse jusqu'à la lui voler. La femme aux cheveux courts qui s'avance vers moi aujourd'hui a presque quarante ans. Son pas lent porte la lassitude du passé. Et pourtant je sens qu'une brèche s'est ouverte depuis peu, qu'une nouvelle vie est en train de se dessiner.

« J'ai pu entrer à l'école à huit ans et c'est là que j'ai rencontré Marguerite Barankitse, une fille tutsie, élégante mais maigre comme un clou. Elle m'enseignait l'anglais, la religion et le kirundi. Elle avait une autre face, non la face des Tutsis que j'avais connus avant. Elle est devenue ma marraine puis ma maman quand ma mère est morte en 1981. »

À de nombreuses reprises, Maggy m'a parlé de l'enfant triste et réservée qu'était Chloé. « Elle était blessée, je l'ai amenée à l'hôpital. J'ai voulu l'aider à me parler de son traumatisme, pour la consoler. Moi, on m'avait aimée, entourée et je ne supportais pas qu'il n'en soit pas de même pour cette jeune fille, simplement parce qu'elle était hutue. Tous les enfants du monde ont besoin de quelqu'un pour les écouter et les consoler. Peu à peu elle a accepté de se confier, et finalement, lorsque sa mère est morte, je l'ai prise avec moi. » Mais Chloé est hutue, protestante et elle vient du Sud, soit tout ce que l'administration locale de Ruyigi déteste. « Imaginez-vous ! Dans mon enthousiasme, je n'ai pas perçu les tensions autour de moi parmi mes collègues. Je ne voulais pas entendre parler de distinction entre Hutus et Tutsis. Ma joie me rendait sourde à la méchanceté sournoise. On m'a délibérément mal notée pour me faire perdre mon poste d'enseignante. On m'a mise à mal. Il m'a fallu longtemps pour le comprendre. On voulait me nuire et je me demandais comment rester chrétienne. Chloé est devenue une jeune femme serviable, souriante, discrète, intelligente, désireuse de faire des études. Avec mon neveu et ma nièce ainsi que les sept autres personnes qui vivaient avec moi en 1993, aussi bien hutues que tutsies, nous formions une vraie famille. »

Chapitre 5

Le pari insensé

Chloé a vingt-six ans au moment des massacres d'octobre 1993. Cachée toute la journée à l'évêché dans l'armoire de la sacristie, elle finit par sortir en reconnaissant la voix d'un cousin de Maggy. « Ceux qui étaient venus avec ce jeune avaient des machettes et ont commencé à achever les blessés. » Avec d'autres rescapés, ils fuient en camionnette. Sur la route, ils retrouvent Maggy et les vingt-cinq enfants. « Marguerite nous a accueillis par des pleurs de joie et de souffrance. »

Chloé m'a guidée jusqu'à la maison de Martin Novak. J'ai souvent entendu Maggy évoquer avec une tendresse infinie ce jeune coopérant allemand qui a accepté de l'accueillir et de tout partager, sans craindre de mettre sa vie en danger ; qui a compris le message du petit garçon envoyé par Maggy à la fin du terrible dimanche ; qui est venu avec Alexis la retrouver elle et les vingt-cinq enfants au milieu des regards hostiles, des paroles chargées et de la colère prête à éclater.

Le mardi 26 octobre 1993, un hélicoptère vient le chercher comme tous les expatriés européens. La sachant menacée, Martin demande à Maggy de partir avec lui. Mais il devait bien savoir au fond de lui que c'était en vain. « Je quitterais le pays seulement s'il ne restait plus un seul enfant pour lequel je puisse quelque chose », lui répond-elle. Tandis qu'elle exprime sa colère contre Dieu d'avoir permis cela, Martin donne tout ce qu'il a pour aider chacun des enfants arrivés avec elle.

« Martin serait parti nu si on ne l'avait pas obligé à garder une chemise et un pantalon. C'est un homme bon. Moi, c'étaient mes frères, mes sœurs, mon pays, mais lui ! Il a risqué sa vie et ce n'était même pas ses frères ! Comment une personne peut-elle avoir un cœur pareil, un grand cœur comme ça, imaginez-vous ? » Martin habite désormais en Allemagne. Il ne travaille plus dans l'humanitaire ni dans la coopération. Il s'est reconverti dans l'informatique et a refait sa vie.

« Lorsqu'il est parti, j'ai senti que je ne devais pas rester seulement pour les vingt-cinq enfants mais pour tous les enfants et toutes les mamans en danger. J'avais retrouvé tous ceux qui vivaient avec moi avant les massacres et ils étaient vivants ! Je m'étais toujours sentie appelée à une mission, mais je ne savais pas laquelle. Jusque-là, j'avais toujours eu peur de ne pas réussir, de ne pas avoir la force de ce que je pressentais, d'être infidèle à moi-même. J'avais peur du jugement extérieur. Et soudain j'ai vu là comme un signe. Avant, c'était moi, Maggy, qui aidais quelques enfants, mais en 1993, devant une telle souffrance, j'ai senti comme un appel à tout laisser et à compter sur la toute-puissance de Dieu. Je me suis mise à son service. J'étais portée par cette force ; pendant deux jours, je n'ai pas mangé, mais je ne sentais pas la faim. J'avais une telle énergie ! Il n'y a pas de jour où j'aie été plus proche de Dieu que ces jours-là. J'étais tellement impuissante, mais tellement puissante de cet amour. J'étais épuisée, mais il n'y avait pas de désespoir sur mon visage. Ce qui est beau, c'est que notre cœur peut toujours aller au-delà. Toujours. »

Plusieurs dizaines de réfugiés s'installent avec Maggy dans la maison de Martin. Pendant une semaine, on ne sort qu'en cas de nécessité absolue. On se débrouille pour dormir les uns à côté des autres. Des blessés viennent se faire soigner par Chloé. Le soir, les voisins se glissent d'une clôture à l'autre pour se retrouver autour de Maggy. Antoine est de ceux-là. Ce juge est de la même génération que Maggy et vient tout juste d'arriver dans la province. Il se souvient : « Nous n'avons rien compris à ce qui se passait. À l'issue de ces massacres, nous étions redevenus comme des enfants. Maggy nous a consolés, elle nous dépasse tous. »

On peine à imaginer dans ce contexte à quelles ressources Maggy fait appel pour aller aider à enterrer les victimes du massacre de l'évêché.

« Après une semaine, j'ai commencé à sortir de la maison, il y avait tant de monde à aider... Les gens portaient les habits qu'ils avaient au moment de leur fuite précipitée. Lorsque je sortais, je revenais souvent avec un seul des deux pagnes que nous portons habituellement. Je le donnais aux femmes qui ne pouvaient pas se laver, pour leur offrir simplement un peu de dignité. »

Pendant quinze jours, la route en direction de la capitale est coupée. Un pont aérien est mis en place par les aides internationales d'urgence pour déposer des produits alimentaires. Les ONG, déjà présentes au Burundi avant les massacres, s'organisent en adaptant leur aide à l'urgence de la situation. C'est le cas de Action Aid, MSF Belgique, la Caritas Belgique, le PAM, l'Unicef, qui tâchent de coordonner leur action. La population rassemblée dans le stade est répartie sur différents terrains de la ville où s'improvisent des campements sommaires. L'entraide spontanée des premières réunions dans la maison de Martin s'organise en comité provincial pour structurer les aides.

Un représentant de Action Aid, le représentant du BDD, le curé et les deux abbés de la paroisse de Ruyigi, Antoine, le juge provincial, Alexis, le directeur de la DPAE (Direction provinciale pour l'agriculture et l'élevage), le coordinateur de l'action sociale, l'ingénieur agronome, se réunissent quotidiennement pour tâcher de démultiplier les forces.

« On a inventé, on a improvisé. Jamais je n'ai voulu travailler seule, explique Maggy. Dès le départ, j'ai été heureuse de ce comité mixte hutu et tutsi, pour montrer que c'était possible, que nous étions au service d'un idéal noble. »

Parmi eux, « Alexis a été un exemple pour nous tous. Des Hutus venaient de tuer sa mère et de la brûler. Et il n'avait pas de rancune ». Avec un collègue, cet homme d'une trentaine d'années prend en charge le transport des blessés et vient chaque soir s'assurer que les enfants ont de quoi manger. Hutus ou Tutsis, il ne fait pas de différence. « Nous faisions le tour des maisons, passant beaucoup de temps à discuter avec les uns et les autres. » D'autres Tutsis prennent des initiatives louables : le gouverneur hutu est ainsi protégé pendant un mois dans sa maison. Autant d'actes qui renforcent Maggy dans sa conviction et son action.

« Le comité provincial a permis que l'on se soutienne les uns les autres. J'ai pu continuer à me battre. Il ne fallait pas se décourager, d'autant que sous la pression des atrocités, certains avaient choisi de quitter la ville dès que la route avait été réouverte. Chez d'autres, on sentait une extrême agressivité qui attendait la moindre occasion pour se déchaîner à nouveau. »

Autour de Ruyigi, les tueries se poursuivent. Chaque jour apporte son lot de mauvaises nouvelles et une surenchère d'horreurs s'installe. Les hommes, par lesquels l'ethnie se transmet au Burundi, sont tués en priorité, dans des conditions atroces. Les femmes et les jeunes filles sont violées et mutilées. « J'ai vu l'humain réduit au pire, écrasé, nié, coupé. Rien ne pouvait me consoler. Je ne savais pas pleurer. »

Il faut plusieurs semaines aux habitants de Ruyigi pour saisir l'ampleur et la férocité des massacres qui ont eu lieu dans les collines. Aline, par exemple, est amenée à Maggy le 26 octobre, la moitié du visage arrachée et des blessures sur tout le corps. Cette petite Tutsie n'a que cinq ans. Le 22 octobre, dans les collines de Butezi, toute sa famille a été assassinée, ses parents, ses sept frères et sœurs. Les Hutus ont mis le feu au village et pourchassé les habitants dans la brousse. Un homme lui a tranché la gorge avec une machette et lui a ensuite frappé la tête avec une pierre. Quand il l'a crue morte, il est parti. Une femme l'a recueillie et emmenée chez Maggy où elle est arrivée sans connaissance et gravement blessée à la tête.

Maggy accueille les enfants quel que soit leur état. « Je crois que j'étais comme insensibilisée, ce qui m'a permis d'agir. Tout le monde pensait qu'Aline ne pourrait pas survivre à ses blessures. En complément des soins que lui a prodigués Chloé, le docteur Paolo, à Butezi, l'a soignée. Dès que nous avons pu aller à Bujumbura, Aline y a été emmenée pour y être opérée bien que de façon sommaire. Mais ce n'était pas la seule à être dans un état pareil. La désolation était partout. Des rescapés dans le stade commençaient à mourir de dysenterie. Un bébé qui nous avait été amené est mort dans la semaine. »

Située à proximité de l'hôpital, la maison de Martin est une des belles demeures du centre de Ruyigi. Protégée par une clôture légère en bois, elle abrite actuellement une administration. Nous faisons le tour. Chloé me montre le passage par lequel elles sortaient la nuit avec Maggy, lorsque tous les enfants dormaient. Elles revenaient à l'aube, avant leur réveil. Bien souvent les enfants ne s'étaient même pas aperçus de leur absence.

Curieusement, je sens ici encore bien plus qu'à l'évêché la fragilité de la vie en cette fin d'année 1993, ce que devait être la pression terrifiante de l'hostilité alentour. « On peut comprendre d'une certaine manière l'explosion de violence d'une journée, mais le pire c'est la haine froide qui s'exerce à petit feu pour vous faire craquer, vous avilir, cette haine qui nous faisait retrouver des cadavres dans la clôture au petit matin. »

Avec Chloé et les vingt-cinq enfants, Maggy, qui était venue demander à Martin l'asile pour une nuit, restera sept mois dans la maison. Des mois parmi les plus noirs de sa vie, où il y aura pourtant des rires et toujours et encore de la vie. C'est à cette époque que va naître le projet de la Maison Shalom, un pari insensé pour un pays qui va s'enfoncer dans une crise terrible sur des années.

Le nombre de morts en octobre 1993 ne semble pas être plus important qu'en 1988 où 50 000 personnes ont péri dans des massacres dans le nord du pays. Mais le nombre de réfugiés a, quant à lui, augmenté de façon spectaculaire. En 1988, ils étaient 60 000. En 1993, ils sont presque un million, Tutsis et Hutus. Les premiers se regroupent dans des camps plus ou moins protégés par l'armée.

Cette dernière, ne disposant pas d'effectifs suffisants pour assurer la sécurité de chaque colline, a créé des zones sécurisées où se regroupent ceux que l'on appelle les « déplacés ». Certaines régions deviennent infréquentables pour les Tutsis, d'autres pour les Hutus. Ces derniers s'éparpillent dans les collines ou sur les routes, tentant de fuir vers le Rwanda, la Tanzanie ou le Zaïre. Eux sont appelés les « dispersés ».

Les collines paraissent désertes, tout le monde se

cache à chaque passage de véhicule, même s'il fait partie des humanitaires. Les Hutus ne sont pas encore organisés en rébellion. Après les exactions commises contre les Tutsis, la répression a littéralement vidé les collines en vue de traquer les criminels, « dispersant » toute la population hutue, femmes et enfants compris, et ce quelle que soit leur implication dans les massacres. Les déplacés et les dispersés, par leur déracinement et leur errance, témoignent de la crise profonde que traverse le pays. Maggy affirme pourtant un peu plus chaque jour sa neutralité en accueillant une multitude de destins bouleversés.

Le 22 octobre 1993, Gloriose, jeune fille tutsie de treize ans, une voisine d'Aline, a vu ses parents mourir devant elle dans les collines de Butezi. Ses deux petites sœurs sont parvenues à échapper aux massacres, mais Gloriose a été enlevée par les assassins. Violée pendant plusieurs semaines, elle est finalement abandonnée dans leur maison au moment du départ de ses agresseurs vers la Tanzanie où ils partent se réfugier. Elle est enceinte, mais ne le sait pas encore.

Ce sont des « vieilles mamans » hutues qui la ramènent à Butezi d'abord, puis à Ruyigi, auprès de Maggy, où ses sœurs sont déjà présentes. « Le cœur et la solidarité n'ont pas d'ethnie, ces vieilles mamans étaient honteuses de ce qu'avaient fait leurs fils. Gloriose a toujours été très courageuse, ne s'est jamais plainte. Elle portait même la joie en elle. Être enceinte ne semblait pas l'accabler, le contraste était saisissant avec tous ceux qui n'avaient plus envie de vivre. » Au Burundi, une jeune fille enceinte sans être mariée est systématiquement rejetée par sa famille, qui plus est si elle a été violée par un homme de l'autre ethnie. Les agresseurs le savent bien qui utilisent le viol à la manière d'une arme de guerre. Ces filles, Maggy les accueille toutes. Comme Gloriose, elle les entoure de tendresse pour leur permettre de raconter ce qu'elles viennent de traverser, pour les aider à dépasser leur traumatisme. Et elle fabrique ainsi des petits miracles : Gloriose a accouché en août 1994 d'une petite fille prénommée Inamahoro, « Enfant de la paix ».

Difficile cependant de préserver le calme au milieu d'une foule de plus en plus nombreuse et vulnérable. Les mouvements de population révèlent la misère des collines, l'extrême fragilité de l'économie mise à mal par une démographie galopante. Non seulement l'exploitation des champs ne suffit plus à nourrir des familles étendues, mais la guerre les contraint à quitter les quelques parcelles de terre qui assuraient le minimum vital. Affamés et terrorisés, les paysans ont parfois parcouru dix, quinze ou vingt kilomètres à pied dans la nuit avant d'arriver à Ruyigi. Comment les nourrir ? Certains retournent dans leurs champs, en cachette, pour récolter quelques légumes. Vols et pillages se multiplient.

Les distributions alimentaires et les aides d'urgence mises en place pour tenter de pallier cette situation ne suffisent pas. Les premières victimes en sont les femmes et les enfants. La distribution s'appuie sur les réseaux existants dont celui des paroisses. La mission, déjà difficile à mener en ce qui concerne les déplacés du centre-ville, s'avère presque impossible sur les collines. Il faut un laissez-passer pour chaque sortie et pour chaque personne, ce qui signifie des heures de négociations avec l'administrateur communal afin qu'il délivre les signatures nécessaires. « Et pendant ce temps, des personnes mouraient », fait remarquer Christoph.

Christoph et Traudl ont accompagné ces premiers mois de la vie de Ruyigi où ils ont aidé Maggy chaque fois qu'ils le pouvaient. C'est avec une grande émotion qu'ils évoquent leur histoire.

« Nous venions d'arriver au Burundi depuis une dizaine de jours à peine lorsque nous avons rencontré Maggy. Nous devions rester trois ans à Ruyigi en tant que coopérants, envoyés par l'organisation Misereor pour relancer le Bureau de développement du diocèse, le BDD, tenu par l'abbé Thaddée et dépendant de l'évêque dont Maggy était encore la secrétaire. Le bureau avait monté des actions ponctuelles, mais n'avait pas de réel programme de développement. Par exemple, il réalisait la construction d'une école, mais ne prévoyait pas d'en assurer l'enseignement dont se chargeait l'État. Alors que nous venions pour mettre en place de tels programmes, il nous a fallu organiser des distributions alimentaires pour des dizaines de milliers de personnes. C'est ce dont nous nous sommes occupés en arrivant au mois de décembre 1993.

Notre première rencontre avec Maggy a eu lieu à l'évêché de manière un peu formelle. Au-delà des grandes grilles, tout était désert. Immobile, seule dans son bureau, Maggy nous attendait. Puis elle nous a conduits le jour même jusqu'à la maison de Martin où nous avons découvert tous les enfants et Chloé. Prendre en charge ces orphelins relevait de son initiative privée, cela n'avait rien à voir avec le BDD. Elle se débrouillait pour récupérer de la nourriture à droite à gauche, dénicher du savon et des habits. Son projet n'était pas très clair, mais elle parlait déjà de réinsertion, ce qui semblait incroyable dans un pays totalement dévasté tel que nous l'avions traversé. Nous venions de passer une semaine dans le Nord pour évaluer la situation et nous initier à l'organisation des aides d'urgence, ce qui n'était pas notre métier. Il est difficile de décrire cette marée humaine, ces gens qui étaient en train de mourir de faim, exténués, avec des blessures que personne ne soignait. À Ruyigi aussi l'ambiance était très étrange avec toute cette masse de réfugiés qui occupaient le centre dans une misère évidente. Mais personne ne savait vraiment quoi faire. Tout le monde était pétrifié. Maggy était l'une des rares personnes à s'activer dans tous les domaines, aussi bien pour créer du lien entre les gens que pour les rassurer, discuter, ou leur apporter de la nourriture.

Et surtout, c'est la seule qui osait parler ouvertement des massacres, afficher sa révolte et prononcer ces mots longtemps demeurés tabous, “hutu” et “tutsi”, quand la loi du silence occultait la ségrégation. Elle ne faisait pas comme s'il ne s'était rien passé. Elle semblait ne pas avoir peur de dire les choses. Il était évident que c'était une femme exceptionnelle, mais pas encore aussi libre ni aussi indépendante qu'aujourd'hui. À cette période, ses fonctions de secrétaire de l'évêque ne lui permettaient pas d'affirmer une telle autonomie. Mais cela ne semblait pas la gêner puisque c'était sa formation et son cadre de référence. Maggy avait parfaitement saisi le fonctionnement de l'Église et l'a toujours respecté. Cela ne l'a pas empêchée de prendre souvent la parole. Elle essayait sans cesse de comprendre, de convaincre. Elle n'a pas été beaucoup écoutée au début, mais cela ne l'a pas découragée.

Par sécurité Maggy devait prendre une voiture pour tous ses déplacements. Comme elle n'en avait pas, c'est nous qui la prenions dans la nôtre. Parfois, elle nous disait : “Regardez celui-là, là-bas, c'est un assassin, et celui-ci, avez-vous vu son costume ? Il appartenait à l'un de ceux qu'il a tués !” »

Durant ces premiers mois, Maggy arrive de temps en temps à s'extraire de l'ambiance extrêmement pesante de Ruyigi. Bujumbura, au début de l'année 1994, a conservé son rythme de vie d'avant la guerre. Pour y descendre, il lui arrive de se cacher dans le coffre de leur voiture. Elle préfère éviter de confronter sa colère aux militaires qui quadrillent le pays en multipliant les barrages. « Comment ont-ils pu laisser faire ces massacres ? Leur rôle n'était-il pas d'assurer la sécurité ? À la violence ils ont répondu par de la violence, perpétuant la spirale infernale de la vengeance. »

Heureusement, Maggy rencontre à Bujumbura

ses amies avec qui elle peut discuter d'autre chose, exprimer sa hargne, pleurer... et rêver. Elle visite ses amis, fait ses petites courses. Autant de moments « ordinaires » qui lui permettent de prendre un peu de recul pour affronter les épreuves sans s'y noyer, pour tenter de calmer cette colère qui ne la quitte que rarement.

C'est avec l'abbé Thaddée que travaillent principalement Christoph et Traudl. « Nous l'avions rencontré quelques jours après notre arrivée. Il était encore très faible. Présent à l'évêché le 24 octobre, il avait réussi à se cacher dans une ruche pendant plusieurs jours, à cause de sa petite taille. On l'y a retrouvé prostré. C'était courageux de sa part d'être resté à Ruyigi, une ville majoritairement tutsie alors qu'il était hutu. » L'homme est choqué de retrouver à la messe du dimanche bourreaux et victimes sur les mêmes bancs. Du coup, il ne se rend plus à l'office. En revanche, il retrouve Maggy, Christoph et Traudl, pour célébrer l'eucharistie dans la petite chapelle. Le couple s'est immédiatement associé à l'action de Maggy et de Chloé. Ensemble, ils s'entraident pour tâcher de nourrir tout le monde et de soigner les blessés aussi bien hutus que tutsis.

L'une des difficultés majeures que Christoph et Traudl rencontrent concerne la question ethnique.

« Il suffisait que l'on distribue de la nourriture aux Hutus pour être qualifiés de pro-Hutus par les Tutsis alors que nous aidions simplement les personnes déshéritées. 85 % de la population étant hutue, il y avait forcément plus de Hutus dans le besoin que de Tutsis. C'est mathématique. Maggy nous a aidés à expliquer clairement notre travail. Au tout début de notre action, les gens se cachaient dans les bananeraies lorsqu'ils entendaient notre voiture. Je me souviens d'un dimanche, fin décembre, où nous sommes sortis avec l'évêque. Nous n'avons vu personne. Toutes les maisons étaient brûlées. Nous avons arrêté le véhicule, l'évêque est descendu, a appelé et nous avons vu une famille, une femme avec un bébé, et un homme blessé qui n'avait reçu aucun soin. Nous n'avions sur nous qu'une boîte de lait mélangé à des céréales. Nous la leur avons donnée. »

C'est durant cette période que passe souvent à la radio une petite chanson où revient à la manière d'une ritournelle le mot *shalom*, « paix » en hébreu. Cette petite chanson, qu'avec Maggy les enfants chantent régulièrement en ces jours sombres, leur reviendra naturellement à l'esprit lorsqu'elle leur demandera, le moment venu, quel nom ils souhaitent donner à leur « maison ». La Maison Shalom, c'est une petite chanson qui habite les rêves des enfants.

Chapitre 6

La parole brisée

« Au début, tu crois que c'est pour une semaine, que cette folie est la folie d'un seul jour. Puis les coopérants partent, et progressivement la folie s'installe. Ils ont continué d'assassiner. On ne savait plus qui était ami, qui était ennemi. On n'arrivait plus à faire confiance à personne et moi aussi je me méfiais de tout le monde. On ne supportait pas mon langage, ni mes enfants. Les Hutus m'en voulaient aussi. Ils en étaient arrivés à croire que je cachais les enfants pour les faire massacrer. Je me sentais trahie par tout le monde. Beaucoup de choses se sont effacées de ma mémoire. Nous avons vu des choses horribles qu'une tête humaine ne peut pas se représenter. Si je n'avais pas eu la foi, la prière et la confiance triomphantes, je me serais suicidée à cette époque, par dégoût d'appartenir à ce peuple. J'ai vu trop de corps mutilés, trop de souffrances. »

Maggy s'occupe de ses enfants tout en poursuivant son travail au BDD à l'évêché. Elle y rencontre systématiquement les représentants officiels venus rendre visite à l'évêque et ne peut s'empêcher de parler. C'est ainsi qu'un représentant important de l'ambassade belge et le nonce apostolique sont au courant de ce qui se passe à Ruyigi, aussi bien des massacres qui ont eu lieu en octobre que de l'action qu'elle a mise en œuvre en faveur des orphelins. Ils envoient de l'aide et, chaque fois que Christoph et Traudl passent par Bujumbura, ils rapportent dans leur voiture des petits stocks de nourriture ou de savon pour les enfants. De plus en plus de gens l'appuient dans son action, mais ceux qui se tournent vers Maggy pour lui demander de l'aide affluent toujours plus nombreux.

Le soir, il y a toujours beaucoup de monde autour d'elle. Les langues se délient. Chacun s'informe sur les dernières nouvelles politiques, les mouvements de population, les règlements de comptes qui ont eu lieu la nuit passée. La rumeur accomplit ses ravages et ses bienfaits. Lorsque quelque chose de grave a lieu, Maggy se rend sur place, accompagnée par Christoph et Traudl. Elle sait toujours où vont les officiels et va les écouter pour savoir ce qu'ils racontent à la population. « Dans la voiture, relate Christoph, Maggy parlait parfois des événements de 1972 et nous montrait les emplacements des fosses communes. C'était bien la seule. Nous avions été très surpris de cette sorte d'amnésie générale. Comme si le temps des massacres avait été un temps à part, vécu par d'autres. Pour Maggy, qui n'avait pas fondé une famille, il était plus facile de s'exprimer. En effet, ceux qui avaient essayé de parler en avaient subi immédiatement les conséquences. L'un de nos collègues, chargé de vérifier l'équité de la distribution alimentaire, avait dénoncé l'absence de nourriture sur certaines collines. Ses enfants avaient été menacés. »

Avec l'arrivée de Christoph et Traudl vient le temps pour Maggy de la prise de conscience. « Avant, c'est comme si je n'avais pas eu le temps de souffrir, de faire attention aux phrases que l'on disait dans mon dos, ou aux enfants, aux menaces de mort. Pourtant ce sont ces choses-là qui m'ont le plus touchée. Dès que j'ai pu m'appuyer un peu sur des gens comme Christoph et Traudl, j'ai commencé à suffoquer, physiquement. Chaque fois que j'essayais de parler, je suffoquais. Je pensais que c'était de l'asthme, mais lorsque je suis allée consulter un médecin, il m'a dit que non. »

Pendant un mois, Maggy suffoque jusqu'à ne plus pouvoir prononcer un seul mot. Désespérée, elle laisse les enfants à Chloé et choisit de se retirer dans le couvent des carmélites à Musongati, à trente kilomètres de Ruyigi.

« Je ne pouvais plus crier, ni parler. Il n'y a pas de mots pour cela. J'étais prostrée, mon corps de femme me dégoûtait. J'y voyais toutes les femmes violées. Je ne comprenais plus rien. Je faisais des cauchemars terribles. Ce que je voyais, c'était mon peuple en train de se suicider comme une seule et même personne et j'avais mal. Mal.

J'ai pensé au mythe de Sisyphe. Il me semblait que je m'étais attaquée à une tâche bien trop grande pour moi, au-dessus de mes forces. Je ne savais plus pour quel espoir j'avais osé rassembler tous ces enfants, je ne voyais plus d'issue. J'étais en colère. J'ai relu le texte de Job : "Dieu t'a donné, Dieu t'a repris." Dans le cas d'une catastrophe naturelle, je pouvais comprendre, mais je n'admettais pas que le bras de Dieu puisse s'exprimer à travers la méchanceté des êtres humains les uns envers les autres. Comment peut-on dire à un enfant d'aller à l'école alors qu'il croise en chemin l'assassin de ses parents ? Quel avenir peut-on lui proposer ? »

Dans ce couvent, Maggy doute et se retrouve face à elle-même avec ce silence, unique expression de sa révolte. Elle lit des psaumes, prie, mesure aussi l'ampleur de sa propre violence. Petit à petit la vie redevient plus forte en elle. Sa voix revient. Elle réussit à chanter un psaume après l'autre et choisit de se remettre modestement au travail.

« J'ai progressivement accepté de ne pas comprendre la part monstrueuse et destructrice de l'humain. Que je n'étais pas de taille pour ce combat. Cela a été une expérience terrible mais une très grande leçon d'humilité dont j'avais d'ailleurs besoin. Il y avait de l'arrogance en moi à imaginer que je pourrais à moi seule tout résoudre.

J'avais besoin de réfléchir au sens de ma vie, j'ai senti qu'il ne tenait qu'à moi d'accepter de continuer. Ce sont aussi ces expériences intérieures dramatiques qui nous construisent. Sombrer, ne plus rien attendre de la vie, être à ce point en colère m'a permis de trouver une autre forme d'espoir, plus simple, moins fabriqué, plus sincère. J'ai retrouvé le goût pour la beauté de la vie. Dieu est toujours à l'heure, jamais avant l'heure, jamais après l'heure. J'ai alors compris que c'était son affaire. Petit à petit, je me suis de nouveau sentie accompagnée par Celui qui ne nous abandonne jamais. Je me suis sentie aidée pour accomplir ces milliers de gestes anodins mais essentiels qui font la vie d'une maman et dont dépend celle de ses enfants. J'ai appris à recevoir pour mieux donner. À chaque enfant qui arrivait, je demandais à Dieu de me montrer comment l'élever, de m'inspirer des paroles justes.

Le désespoir vient lorsque l'on compte uniquement sur ses propres forces. C'est un privilège de ressentir cette présence, il n'y a plus de place pour l'amertume. » Forte de cette expérience, Maggy rentre à Ruyigi plus engagée que jamais. Elle aime à citer cette phrase de saint Paul, qui prend dans son histoire un sens particulièrement profond : « Ô Mort ! Où est donc ta victoire ? »

La situation du pays empire. Petit à petit l'espace de dialogue entre les deux ethnies se réduit. Ceux qui, hier encore, fréquentaient leur voisin s'en détournent. Les bonnes volontés se heurtent à une réalité incompréhensible. Les portes se ferment. Les quartiers de la ville, les lieux publics, et jusqu'à la marque de la bière que l'on consomme, tout acquiert une connotation ethnique. La raison perd du terrain. La communauté internationale, déroutée par l'ampleur des massacres du mois d'octobre et le désordre qui s'ensuit, rapatrie la plupart de ses ressortissants. Aucun étranger n'a été tué, mais les programmes de coopération sont mis à mal. Sur place, il ne reste plus que des missionnaires et les volontaires d'œuvres caritatives ou d'ONG impliquées dans le travail d'urgence et la défense des droits de l'homme. Ces dernières s'efforcent de faire pression pour obtenir que les coupables soient jugés. À Ruyigi, il leur est rétorqué que personne n'a porté plainte. Maggy se souvient avoir entendu une version officielle des massacres prônant la légitime défense.

Cependant, un parlementaire finit par se décider. L'homme réside à Bujumbura. Sa femme et son enfant sont morts le 24 octobre à l'évêché. Il porte plainte. Le procureur lance donc une enquête en vue de préparer l'instruction du procès qui aura lieu au tribunal de Gitega compétent pour les crimes. Lorsqu'en février 1994 Maggy se rend à la brigade de Ruyigi pour déposer son témoignage, elle croise des regards remplis de haine, cette même haine qu'elle a si violemment éprouvée au soir des massacres lorsqu'elle se dirigeait avec les enfants vers la maison de Martin. Sa déposition entraînera une double arrestation. « Ils ont fait semblant d'arrêter deux personnes, dont le mari de ma cousine. Ils étaient persuadés que je ne dirais rien, que je n'oserais dénoncer quiconque. »

Quatre mois plus tard, en juin 1994, au tribunal de Gitega, de nouveau Maggy s'avance seule à la barre des témoins. Parmi tous les visages qui l'observent, elle reconnaît des témoins qui n'osent pas parler et des assassins, tous ceux qui ne sont pas assis sur le banc des accusés et qui voudraient la faire taire à jamais. Elle sait bien qu'en osant révéler la vérité elle risque sa vie. C'est pour cette raison qu'elle a rédigé son testament juste avant de partir. Son entourage a eu beau la dissuader de venir, elle n'a pas cédé même si elle ne se fait aucune illusion sur le déroulement et l'issue du procès. Un seul homme est assis sur le banc des accusés, le mari de sa cousine a été exilé au Rwanda. Les autres ont quitté la ville ou y circulent librement.

Au tribunal, Maggy raconte, identifie les assassins les uns après les autres, y compris ceux de sa propre famille. Elle rompt une fois de plus avec la tradition qui veut que l'on ne trahisse jamais son clan. « J'ai réussi à dire simplement qui avait fait quoi. Il n'y avait qu'un assassin sur le banc des accusés mais tant d'autres étaient dans la salle. Je me suis tournée vers eux et je leur ai demandé de reconnaître les faits et de venir demander pardon aux enfants. »

De retour, saine et sauve, à Ruyigi, Maggy est attendue devant la porte de sa maison. « Ils m'ont jeté des pierres, ils m'ont traitée d'assassin. J'ai vu des gens se réjouir et faire la fête en croyant que j'allais m'exiler. J'ai refusé de me laisser impressionner. »

De nouveau elle leur parle : « Cessez d'aggraver le mal, moi je ne vous en veux pas. Vous ne pouvez nier que des personnes sont mortes. Rien ne pourra les faire revenir. Mais il y a une chose que vous pouvez faire pour votre vie, pour les enfants, pour le pays : c'est de demander pardon. »

Et elle les conduit jusqu'à la sépulture. « Je voulais au moins qu'ils restituent aux enfants ce qu'ils avaient volé à leurs familles : des costumes, des pagnes. Il fallait des gestes simples pour aller vers la réconciliation. Ils ont fini par rendre certaines choses, même si cela s'est fait de manière plus ou moins indirecte. »

L'idéal de Maggy ne tolère aucune compromission. À la suite du procès, une manifestation se déroule à Ruyigi demandant la libération de l'accusé. Sur des pancartes, on peut lire : « Il n'est pas le seul à avoir tué, il faut le libérer comme les autres. » Étrange sens de la justice. La tension autour de la Maison Shalom devient telle que le commandant de district y envoie ses hommes. Le soir, Maggy va dormir avec les enfants à l'église. Mais dès le lendemain, les militaires quittent les lieux. La neutralité est un point essentiel. « Tous mes amis voulaient que je parte, mais je suis restée, pour leur prouver qu'il y avait un possible. Je faisais partie de ceux qu'il fallait assassiner mais ce ne sont pas eux qui décident. Quand l'heure sera venue, ce ne sera pas leur responsabilité. J'ai osé car je sentais que je reposais sur un roc. »

Comme le disent Christoph et Traudl, le procès de Gitega est une comédie, où le témoignage de Maggy n'est pas écouté. Et pourtant sa parole est fondamentale. Sa prise de position claire et affirmée renvoie chacun à sa propre conscience et à sa part de courage ou de lâcheté. À l'issue du procès, Maggy devient un personnage public. « Auparavant, elle était perçue comme une personne un peu spéciale, explique Christoph. On comprenait mal cette femme de trente-cinq ans, ni mariée ni religieuse, qui vivait dans les collines et n'avait pas profité de ses séjours en Europe pour se trouver un époux et vivre à l'occidentale. Pour certains, cela relevait presque d'une forme de stupidité. » À partir de ce moment, elle représente la puissance d'un autre avenir, une véritable héroïne pour les uns, une femme à abattre pour les autres. « En tant que Tutsie, j'ai fait un geste que tous ont qualifié de trahison. On m'a traitée de scélérate pour avoir témoigné contre quelqu'un de ma famille. Ce qui m'importait, ce n'était pas de condamner mais d'essayer de leur montrer qu'un assassin ne peut pas s'en sortir la tête haute. Cette arrogance est destructrice et autodestructrice pour tous ceux qui s'enfoncent dans le mensonge. Il n'est jamais trop tard pour se remettre en question. » Depuis, elle ne laisse personne indifférent, car à son désir de justice s'ajoute cette folie de redonner à l'assassin la dignité qu'il mérite en tant qu'homme. « En ce qui concerne les assassins, je rêve qu'ils cèdent petit à petit à cette force d'amour qui est au-delà de tout. Chacun d'eux, y compris le mari de ma cousine. Si ce livre ne devait être lu que par une seule personne, je souhaiterais que ce soit lui. »

En ce début de 1994, il s'agit d'un rêve lointain, une véritable utopie, tant la haine et la violence s'inscrivent à tous les niveaux de la société.

Les Burundais qui en ont les moyens quittent le pays pour se réfugier en Afrique du Sud, en Belgique, en Allemagne, en France, en Suède, au Canada, ou aux États-Unis. Tout dépend des affinités du pays d'accueil avec telle ethnie ou tel parti politique. Beaucoup de jeunes disparaissent sans prévenir ; des Hutus fuient vers le Rwanda en quête de sécurité. Certains d'entre eux se trouveront alors mêlés au génocide. Des Tutsis s'introduisent clandestinement en Ouganda et s'engagent dans les

FPR (Forces patriotiques rwandaises), un parti interdit au Rwanda qui tente encore de négocier avec le pouvoir en place pour empêcher l'extermination systématique de ceux que l'on surnomme déjà les « cafards ».

En vain. Dès le mois de janvier, un plan massif impliquant toute la population rwandaise a été diffusé auprès des responsables des communes pour leur indiquer leur rôle. Des listes de Tutsis ont vu le jour. Le ton monte, les radios déversent des torrents de haine, des exécutions sporadiques ont déjà lieu. Le 6 avril 1994, les présidents rwandais et burundais sont assassinés dans le même avion. Au Rwanda, c'est l'explosion du génocide des Tutsis par les Hutus. Malgré certaines tentatives de résistance, aucune province n'est épargnée.

Christoph et Traudl préviennent Maggy en pleine nuit du double attentat. « Nous étions bouleversés, raconte Maggy. Pour nous, c'était octobre qui recommençait. On a tremblé, c'était terrible. Nous sommes restés terrés dans les maisons. Nous nous sentions abandonnés. Beaucoup de Tutsis se sont réjouis de la mort des deux présidents, surtout de celle de Habyarimana le président du Rwanda, car il était connu pour son racisme envers les Tutsis. Mais tous ces gens n'ont pas pensé à quel point les Tutsis du Rwanda allaient souffrir. On ne pouvait pas imaginer l'ampleur du génocide. J'étais très préoccupée par la subsistance de mes enfants et par tous ceux qui avaient besoin d'aide autour de moi. Je crois que le génocide nous a totalement dépassés. C'était encore de l'horreur qui s'ajoutait à la nôtre. Le traumatisme était tout récent. Nous avions perdu tous nos repères. Le génocide a accentué un certain repli sur nous-mêmes et une méfiance entre les deux communautés. C'est humain. »

Le comité provincial se renforce, des réunions sont organisées chaque soir pour calmer les esprits. « Nous pensions avant tout à notre peuple burundais. Très peu de rescapés du génocide ont réussi à passer la frontière. Plus tard, j'ai reçu des enfants du Rwanda qui venaient d'un orphelinat évacué par la Croix-Rouge. Dire non à cette période c'était envoyer quelqu'un à la mort. »

Selon Christoph, « c'était infernal de travailler avec elle, non seulement elle ne pouvait pas refuser quelqu'un qui se trouvait en détresse, mais elle ne planifiait jamais rien ». Progressivement, des enfants lui arrivent de partout, malades et terrorisés. L'hôpital de Ruyigi lui amène systématiquement les nourrissons dont les mères viennent de mourir en couches.

La maison de Martin devient trop petite pour accueillir tout ce monde. Maggy, Christoph, l'abbé Thaddée et l'évêque réfléchissent ensemble à l'avenir des enfants. Ils songent à l'ancienne école des métiers abandonnée depuis le mois d'octobre. Le lieu est suffisamment vaste pour les accueillir, mais il faudrait le rénover. « Il y avait des traces de sang sur les murs, suite aux massacres et aux pillages. On pouvait encore lire les restes d'une leçon sur le tableau noir. Il n'y avait plus ni chaises ni tables, mais des livres et des cahiers déchirés sur le sol. »

La Caritas Belgique et la coopération allemande octroient des fonds pour la rénovation et l'équipement de ce bâtiment qui n'a plus ni portes ni fenêtres. Sur la dizaine de bâtisses que comporte l'ancienne école, deux sont réhabilitées dans un premier temps. C'est ainsi que naît la Maison Shalom, Shalom et non pas Amahoro qui veut dire « paix » en kirundi. Les enfants se souvenaient avoir entendu ce mot dans la bouche de ceux qui assassinaient.

Chapitre 7

Une « sainte en enfer »

Avec la Maison Shalom, Maggy trouve le sens de son destin. « Ce sont vraiment les enfants qui ont construit l'esprit de la Maison Shalom. Je ne sais pas comment les adultes perdent à ce point contact avec leur enfance. À cette période de l'existence, les enfants possèdent une sorte de bon sens. À leurs yeux, l'ethnie n'a pas vraiment de signification, ce qui compte, c'est de savoir qui vous nourrit et surtout qui vous protège. Pendant la guerre, l'enfant souffre doublement : à cause des agressions multiples qu'il subit mais aussi parce que son enfance lui est volée et avec elle son avenir. C'est ce qui le rend si vulnérable. En tant qu'adultes nous avons le devoir de soulager ses traumatismes, d'assurer sa subsistance et d'ouvrir son cœur pour y déposer de l'amour. Tous, ils m'ont impressionnée par leur capacité à recevoir. Je me suis laissé guider par eux. »

Par eux et par un homme qui, la même année, en 1994, prononce un fulgurant discours lors de son investiture à la présidence de la République de l'Afrique du Sud : Nelson Mandela, un modèle pour Maggy.

« Notre peur la plus profonde n'est pas que nous ne soyons pas à la hauteur. Notre peur la plus profonde est que nous sommes puissants au-delà de toute limite. C'est notre propre lumière et non pas notre obscurité qui nous effraie le plus. Nous nous demandons : qui suis-je, moi, pour être brillant, radieux, talentueux et merveilleux ? En fait, qui êtes-vous pour ne pas l'être ?

Jouer petit ne sert pas le monde. Se rétrécir devant les autres pour qu'ils ne se sentent pas en insécurité ne fait pas la preuve d'une attitude éclairée. Nous sommes tous voués à briller comme le sont les enfants. Nous sommes nés pour manifester la gloire de Dieu qui est en nous. Ce n'est pas le sort de quelques-uns d'entre nous, c'est le sort de tout un chacun. Et quand nous laissons notre lumière briller, nous donnons, sans en être conscients, la possibilité aux autres de faire la même chose. Quand nous sommes libérés de notre propre peur, notre présence libère automatiquement les autres. »

Un programme auquel Maggy adhère totalement. « Dieu nous donne assez d'énergie, nous ne devons pas nous contenter de la médiocrité. L'homme est capable de surprendre, l'homme est capable d'espérance. »

Lorsqu'elle quitte la maison de Martin, le 12 mai 1994, Maggy est accompagnée de plus de soixante rescapés des trois ethnies, hutue, tutsie et twa. « Je ne sais pas comment on s'est arrangés. On s'entraidait. Tous ceux qui étaient avec moi avant la guerre et en âge d'aider s'y sont mis. On allait puiser de l'eau... On se débrouillait. »

« Bien sûr, personne n'était salarié, précise Christoph, mais à cette période, cela ne signifiait rien. Avoir un toit et être nourri équivalait à être rémunéré tant la vie était désorganisée et chaotique. » Toutes les bonnes volontés sont les bienvenues à condition qu'elles s'accordent à l'esprit de la Maison Shalom. Ici on ne fait pas de distinction ethnique ou autre, c'est la seule règle. Une éducatrice tutsie ayant refusé de s'occuper d'enfants hutus sera renvoyée immédiatement. Ce sont d'abord des femmes qui viennent l'aider et, très vite, Maggy tâche de pallier le manque de référence masculine en embauchant des hommes.

« En 1994, dans la cour, des centaines de personnes parfois attendaient qu'on les nourrisse et qu'on leur vienne en aide. Il faut les imaginer serrées les unes contre les autres. Tous les jours. Cela ne finissait pas. Et nous les avons nourries. » Car dès l'été 1994 les premières aides arrivent. « Au moment où tout était tellement grave, tellement terrible, les aides sont arrivées et j'ai vu là le signe que je ne devais pas perdre espoir. » Des signes qui viendront chaque fois qu'elle commencera à douter. « Sous l'embargo, par exemple, en 1997, au moment où je terminais la dernière boîte de lait, un container est arrivé. Et ç'a été comme ça tout le temps. »

Ses amis la soutiennent depuis l'Europe. Sans ces contacts, Maggy n'aurait sans doute pas osé commencer la Maison Shalom. Puis c'est l'Église qui vient apporter son assistance. Le Secours catholique français envoie un premier véhicule. Les Caritas belge et allemande se sont déjà manifestées, garantissant la survie et le fonctionnement de la

Maison Shalom sur trois ans. Un reportage diffusé à la télévision belge en janvier 1994 lui a ouvert des portes. Elle signe une première convention avec le Programme alimentaire mondial. Enfin d'autres ONG prennent le relais ainsi que l'Unicef.

Le génocide rwandais a entraîné depuis juin 1994 des déplacements massifs de population vers la Tanzanie, le Burundi et surtout le Zaïre. Deux millions de personnes dans les camps de Bukavu et Goma sont touchées par le choléra qui fait des dizaines de milliers de victimes. Les Burundais qui se sont réfugiés en octobre 1993 au Rwanda se voient obligés de rentrer au pays. Les montagnes du Nord et les plaines de l'Ouest, à la frontière avec le Zaïre, sont totalement déstabilisées par des massacres interethniques récurrents.

Le Burundi s'enfonce dans le chaos. À la Maison Shalom, Maggy poursuit son travail auprès des enfants, tâchant de soulager tous ceux qui viennent à elle. « Parce qu'ils partagent les mêmes douleurs, les enfants ont droit aux mêmes faveurs. »

Maggy a toujours refusé le terme d'orphelinat pour la Maison Shalom. Plus qu'une maison, c'est un tremplin pour chacun des enfants qui y passent, un tremplin vers un ailleurs, une famille, un avenir.

Convaincue que « la famille est le meilleur terrain où pousser pour un enfant », dès qu'un enfant arrive, elle tente de comprendre son histoire, ses racines, et parcourt le pays pour retrouver une grand-mère, une tante, un cousin susceptible d'accueillir l'un des siens. « “Je rentre dans un centre d'accueil" ne vaudra jamais un "Je rentre chez moi." Un centre ne vaut que comme transition. Grandir, au sens plein du terme, y est impossible. » Fabriquer du lien, reconstruire une famille, un foyer où chacun puisse évoluer en toute sécurité et devenir lui-même, c'est l'un de ses principaux soucis. Au début, elle mène les recherches toute seule, envoyant des photos des enfants dans les paroisses, ou les promenant partout, à la messe, au marché, dans l'espoir que quelqu'un les reconnaisse. Un jour qu'elle passe à l'hôpital avec un bébé sur son dos, une maman bondit. Elle a reconnu son enfant. Maggy l'avait prénommée Espérance. La mère lui a laissé ce nom.

Une fois les liens certifiés, l'enfant est progressivement réinséré dans sa famille après de nombreuses visites à sa colline natale. Le rapprochement peut durer des mois, voire des années. « Un enfant que je rends à son village, ce n'est pas un panier que je remets ! Avant d'installer l'enfant chez lui, nous l'accompagnons pour plusieurs séjours de courte durée. Nous rencontrons la police, le directeur de l'école, les enseignants, le curé, le pasteur ou l'imam, l'administrateur communal pour le faire enregistrer à l'état civil. L'implication du village protège l'enfant de parents qui pourraient être malintentionnés et voudraient seulement tirer parti de la situation. » Poussée à la malhonnêteté par la misère, il arrive que la famille d'accueil utilise à d'autres fins l'argent alloué pour élever l'enfant qui vient de la Maison Shalom, ou que ce dernier soit jalousé par les autres membres de la famille. C'est pourquoi, lorsque la Maison Shalom rencontre une famille, elle donne une chance aux autres enfants de la maisonnée ou à n'importe lequel de ses membres qui a besoin d'aide. « Nous participons aux frais scolaires ou nous aidons la famille à l'amélioration de la maison. Si l'un d'entre eux est malade, nous nous en occupons, ou s'il y a une veuve victime d'une injustice, nous prenons sa défense. » Rendu aux siens, l'enfant n'est donc pas pour autant coupé de la Maison Shalom avec laquelle la famille entretient des liens. Pour Maggy, il devient à son tour une lumière et peut rayonner autour de lui. C'est aussi une façon pour la Maison Shalom de mesurer les besoins de telle ou telle région et d'y trouver les réponses adéquates. Parmi les vingt-cinq premiers enfants que Maggy a recueillis en octobre 1993, neuf seront réinsérés dans les mois qui suivent.

Ce désir de leur offrir un foyer concerne chaque enfant, y compris ceux qui n'ont plus aucune parenté. Pour eux, elle inventera au cours des années de nouvelles cellules familiales où les plus grands s'occuperont des plus petits.

L'enfant qui grandit au sein de la Maison Shalom n'est coupé ni de son passé, ni de son milieu d'origine, ni des siens, quels qu'ils soient. Même si parfois il faut aller jusqu'à l'en séparer un moment pour mieux le préserver.

C'est le cas de ce petit garçon qui, à l'âge de quatre ans, a déjà passé plus de six mois en prison avec son père hutu. L'homme est derrière les barreaux pour l'assassinat d'une Tutsie qui n'était autre que sa femme. Maggy a sorti l'enfant de prison. « C'était un cas extrême, mais il est loin d'être unique. Il faut beaucoup de tendresse pour donner à cet enfant une ouverture sur la vie. Or, j'ai vu comment il a été capable de la recevoir, de l'accueillir. Ces enfants de meurtriers portent la culpabilité des actes de leurs parents et nous devons effectuer tout un travail pour qu'ils s'en défassent. Ils n'ont pas à porter ce poids, de même qu'ils n'ont pas à subir la vengeance des victimes. Il faut briser les lois de cette histoire qui nous emprisonne dans la haine. »

Et la haine est plus que jamais tenace en cette année 1994 où la presse burundaise continue d'appeler au meurtre et de relater les exactions des extrémistes hutus qui sèment la terreur dans les camps de Tutsis. Sur les répressions qui s'ensuivent, elle reste plus discrète. Or, les jeunes Tutsis extrémistes se sont constitués en milice armée, les « sans échec ». Leur mission annoncée : aider à la remise en ordre du pays. En réalité, ils sèment la terreur en multipliant les assassinats. Des assassinats très ciblés qui leur sont parfois commandités directement sur les ondes. À Bujumbura, les procès se succèdent mais les « sans échec » font pression sur les témoins et les obligent au silence. Parfois définitivement. Maggy elle aussi sera visée.

Dès le mois de février 1994, les réfugiés installés dans le centre de Ruyigi ont progressivement été évacués vers des lieux plus proches de leur domicile d'origine. À Butezi, un camp de plusieurs centaines de personnes a ouvert ses portes, juste à côté du centre de santé du docteur Paolo. En 1975, ce chirurgien italien a volontairement choisi la région la plus déshéritée du Burundi pour s'y installer. « Son centre de développement social était un modèle du genre, bien plus avancé qu'à Ruyigi », selon Maggy. Malgré les massacres, le docteur Paolo est resté sur place. C'est lui qui soignera Aline à son retour de Bujumbura. « Sa plaie au visage ne s'était pas refermée. Pour dormir, il lui fallait mettre une sorte de casque que nous avions improvisé afin qu'elle évite de toucher les draps. Elle a été tellement courageuse, elle ne s'est jamais plainte, il fallait lui changer les bandes tous les jours. »

En février 1995, la Maison Shalom se voit confier par les volontaires italiens un lot de petites maisons en îlots entourées d'un grand parc sur les collines de Butezi, à proximité du centre du docteur Paolo. En l'honneur des Italiens, Maggy baptise le lieu la Casa della pace. Une trentaine d'enfants s'y installent, dont Aline et Gloriose avec sa petite fille. Ils sont peut-être une centaine à Ruyigi. Maggy ne suit pas au jour le jour les chiffres qui changent constamment, entre les enfants qui arrivent, ceux qui sont réinsérés et les enfants des rues qui ont beaucoup de difficultés à se stabiliser. La guerre a en effet engendré une population croissante d'enfants errants, que Maggy accueille au même titre que les autres.

À Bujumbura, petit à petit, le ton monte. Les assassinats ciblés par les bandes de jeunes armés sont relayés par des opérations militaires chassant les opposants hutus qui tentent d'organiser la rébellion. Des observateurs des droits de l'homme dénoncent des tueries de femmes et d'enfants dans les quartiers. En mars 1995, les Belges, les Italiens et les Allemands évacuent leurs ressortissants. Les quartiers s'ethnicisent, c'est une véritable balkanisation. Puis les Hutus fuient massivement la capitale. Le gouvernement se voit reprocher de faire de Bujumbura un ghetto tutsi avec une ceinture de sécurité autour de la ville. La rébellion hutue se structure et s'impose comme un nouveau contre-pouvoir avec lequel le gouvernement est obligé de négocier.

Pendant ce temps, les massacres continuent. Il ne se passe pas un jour sans que l'on n'apprenne la mort d'Untel ici ou là. En juin 1995, trois journalistes sont tués sur la route au-dessus de Bujumbura. Le 12, une quarantaine d'étudiants hutus sont assassinés dans leur chambre par des jeunes Tutsis de la milice des « sans échec ». Alors que trois mille étudiants tutsis poursuivent leur cursus universitaire, huit cents étudiants hutus l'abandonnent. Beaucoup sont désormais décidés à se battre. Ils rejoignent l'étranger, dont la Tanzanie où la rébellion a installé ses bases de repli. Chloé obtient une bourse d'étude et quitte le Burundi pour l'Italie.

Cela fait alors plus d'un an que les réfugiés vivent dans des conditions extrêmement difficiles sans la moindre perspective de retour. Dans les camps, ils côtoient certains de leurs frères réfugiés depuis... 1972. Quelques hommes mais surtout des femmes et des enfants choisissent de rentrer clandestinement au Burundi. Gisuru, à cinquante kilomètres de piste de Ruyigi, est un poste frontière situé à la limite de la Tanzanie. Un centre nutritionnel, monté par Traudl, y accueille des êtres exténués dont beaucoup de femmes et d'enfants. Face à cette détresse, l'équipe du BDD décide d'ouvrir un centre pour les loger sur place. Dans un premier bâtiment, des dortoirs, dans un autre, des salles de consultation médicale, une salle d'accouchement. Quarante à soixante-cinq enfants orphelins y résideront jusqu'en 2003. L'Oasis de la paix est le troisième centre de la Maison Shalom.

Novembre 1995. Selon Amnesty International, mille personnes environ meurent chaque mois dans des affrontements ou bien froidement assassinées. Il n'est pas rare de croiser des cadavres dans les rues de Bujumbura. Comme toutes les traditions, celle du Burundi impose que l'on s'occupe des morts ; or les corps restent sur le bas-côté, à l'abandon. En pleine guerre civile, les gens rechignent à se pencher sur ces cadavres non identifiés. Peut-être celui-là fait-il semblant pour mieux vous attaquer, et celui-ci, Dieu sait si la police elle-même ne l'a pas tué ! Un jour, Maggy s'arrête devant un corps, le couvre de son pagne et interpelle la population sans craindre de risquer sa vie. Christoph, présent au moment des faits, témoigne. « Au début, personne ne lui a répondu, puis quelques personnes ont fini par s'approcher et une discussion a eu lieu sur l'identité de la victime. Au Burundi, si vous refusez de vous occuper d'un mort, il est maudit et son âme est en errance. Toutes les excuses pour la préservation de sa propre sécurité semblaient irrecevables pour Maggy. Elle était très atteinte par cette négligence des morts et je l'ai toujours vue porter une attention particulière au respect du moment de deuil. »

Une autre fois, alors que Christoph, Traudl et Maggy circulent près de Bujumbura, le véhicule est arrêté à un croisement, un homme ouvre la porte et saisit le sac de Christoph. Maggy se lance à sa poursuite. Incapable de le rattraper, elle l'interpelle tout en courant et lui demande de laisser les papiers. Elle finira par rapporter le précieux passeport. « Chaque fois que nous évoquons cet épisode avec Traudl, dit Christoph, nous sommes partagés entre la honte d'être restés immobiles dans la voiture, notre admiration pour le courage de Maggy, et le comique de la situation avec notre Maggy courant en talons à travers champs. Avec elle, nous en avons eu des fous rires ! »

Par la suite, la multiplication de ce genre d'épisodes l'invitera à la prudence. C'est l'intérêt des enfants qui prime. Penser à ce qu'ils deviendraient si elle était tuée calme son impétuosité. Si elle garde son idéal, elle apprend à évaluer le danger.

À partir de 1995, la rébellion hutue est organisée : les factions isolées se regroupent. Des hommes et des femmes de tous les milieux sociaux s'engagent pour défendre leur existence menacée dans la société. Mais des enfants seront aussi enrôlés de force. « Ils étaient emmenés contre leur gré. Certains d'entre eux avaient cinq ans à peine. Les plus petits étaient employés à des tâches subalternes ou bien comme espions. Ils croyaient aux discours de leur chef parce qu'ils n'avaient aucune autre issue. On leur tendait une arme et en même temps de quoi manger. Petit à petit, ils avaient l'illusion qu'ils pouvaient devenir des hommes. Il n'y a pas pire drogue que le lavage de cerveau », raconte Maggy. Certains s'échappent et reçoivent son aide.

Un journaliste, Andreas Lönn a rapporté pour le World's Children's Prize for the Rights of the Child le cas typique d'un jeune garçon de douze ans enrôlé avec ses camarades alors qu'ils étaient à l'école. Dans la journée, les rebelles se reposent ou se battent contre l'armée. La nuit, ils dévalisent les villages. Pendant des jours et des jours, l'enfant vit cette vie chaotique et brutale dans une terreur constante. Il est chargé de l'approvisionnement de l'eau et du bois. Les autres, pour la plupart, portent les munitions. L'un de ses camarades a tenté de disparaître. Les hommes l'ont rattrapé et battu à l'extrême. Pourtant, au bout de trois semaines, l'occasion se présente de fuir. Avec deux camarades, le jeune garçon est allé chercher de l'eau et aucun homme ne les a accompagnés pour les surveiller. Le gamin s'enfuit à toutes jambes. Il retrouve sa colline, sa famille. À force d'avoir marché, ses pieds sont gravement blessés et chaque nuit il fait des cauchemars terrifiants. Maggy soignera ses pieds et son cœur.

En plus des horreurs engendrées par les conflits, Maggy doit faire face à un fléau tout aussi redoutable que la guerre : le sida. De nature assez prude, la société burundaise l'est particulièrement autour de cette maladie. Il a fallu attendre 1994 pour que les premières langues se délient. Cette année-là, une femme de Bujumbura a pris la parole un dimanche en pleine cathédrale. Cette pharmacienne sort tout juste de l'hôpital où elle vient de perdre son mari et son enfant. Face au sermon accusateur du prêtre qui juge, parmi les fidèles, les personnes infectées par le sida, elle se lève pour refuser ce discours de la honte et de la culpabilité. Devant l'assemblée, elle annonce publiquement son état et proclame haut et fort le droit à la dignité pour celles et ceux qui sont atteints. « Nous qui vivons avec le sida, nous ne sommes pas morts ni morts vivants, mais vivants. » Sa parole courageuse en libérera progressivement d'autres. Mais le pays manque cruellement d'information et les esprits sont encore peu nombreux à accepter de la faire circuler. Qui plus est, les conditions sanitaires du Burundi ne facilitent pas les prises de conscience. Tout le monde est pourtant concerné : il n'y a pas une famille qui soit épargnée par la mort d'un parent ou d'un ami.

D'une éducation catholique traditionnelle, Maggy n'ose pas encore aborder le sujet. Ruyigi est loin de la capitale et elle s'imagine que cette maladie « des villes » n'envahira pas sa bourgade provinciale. Lorsqu'en 1995 Igor, à l'âge de cinq ans, meurt du sida à la Maison Shalom, c'est pour elle un véritable choc. Confié par sa mère, l'enfant se savait condamné. « Il ne voulait pas mourir. Il me demandait sans cesse : "Tu crois que je vais mourir bientôt ?" Chaque fois qu'il entendait une émission à la radio sur le sida, il allait écouter. À la fin de sa vie, il ne voulait plus dormir. Il voulait rester à côté de moi, croyant que j'avais le pouvoir de le guérir. Il est mort en parlant. Il m'a dit : "Tu ne me mets pas sur le lit, tu me portes sur le dos. Tu crois que je vais mourir ?" Je l'ai mis sur mon dos, et puis tout d'un coup, j'ai senti qu'il était parti. J'ai pris son corps dans mes bras, c'était terrible pour moi, je n'ai pas supporté de le laver. Je suis partie une semaine chez les carmélites pendant laquelle j'ai rêvé de lui, souvent. Igor m'a fait une sorte de clin d'œil. C'était en pleine guerre, il y avait tous ces combats, mais personne n'avait pris la mesure de la maladie. Sa mort m'a interpellée, j'ai compris à partir de ce moment-là qu'il fallait s'armer contre un nouvel ennemi. »

Les nombreux décès des enfants, la mort en couches des femmes séropositives, la dégradation physique des malades sont autant de facteurs qui la motivent pour agir. Le plus urgent est de lutter contre la discrimination dont souffrent ceux et celles qui sont atteints, pour défendre leur dignité, tout en les encourageant à lutter. Tâche difficile dans un pays majoritairement chrétien, où la révélation de la maladie dévoile l'intimité de la vie privée. Mais face aux enfants, aux jeunes filles violées ou rejetées par leur famille parce qu'elles ont « fauté », face au désarroi des personnes abandonnées à une solitude dégradante, Maggy apprend à dépasser ses a priori religieux. « Je ne suis pas là pour juger, je suis là pour aimer. »

Aimer, cela signifie poser des actes malgré le manque de moyens, et le premier, quand on ne peut rien faire d'autre, consiste à accompagner les enfants malades pour qu'ils meurent dans la dignité. « J'ai souffert, j'ai eu des moments d'angoisse. Je me souviens de trois bébés que j'ai enterrés toute seule avec les éducatrices, sans aucune compassion autour de nous, personne n'est venu partager notre deuil. »

Maggy comprend vite que le sida est en train de devenir le problème prioritaire du Burundi. D'autant que la maladie a été délibérément utilisée comme arme de guerre par des soldats séropositifs commettant des viols répétés sur les femmes. Mais comment soigner sans aucun moyen ? Les hôpitaux sont dégradés, le peu de médecins qui exercent encore sont payés une misère et travaillent dans des conditions déplorables. Impossible d'obtenir des médicaments dont les prix sont prohibitifs. Maggy est très affectée par le départ de certains de ses amis privilégiés qui ont les moyens de s'envoler vers l'Europe pour avoir accès aux soins, alors que la grande majorité de la population ne peut être soignée.

Certaines mères malades du sida s'apprêtent à abandonner leurs enfants quand elles ne sont plus capables de s'en occuper. Pour éviter la séparation, la Maison Shalom aide les veuves les plus démunies, fournit pagnes et habits, prend en charge les soins, les frais scolaires et une partie de la nourriture de la famille. « Nous n'allons pas arracher ces enfants à leur mère sous prétexte qu'elles vont mourir ! Nous les gardons ensemble en les choyant le plus longtemps possible. Nous distribuons du lait pour que les mamans ne fassent plus téter les enfants. » Parmi elles, certaines prostituées auprès desquelles la Maison Shalom accomplit un travail d'information. « Nous avons travaillé à renforcer la conscience des mères pour qu'elles ne répandent plus la mort à la légère. Et puis je leur disais : “Sois heureuse, ma chère sœur, une générosité qui n'est pas faite de bonheur, cela n'existe pas ! Nous avons reçu un corps pour qu'il se réjouisse, mais qui t'a dit de vendre ce corps merveilleux, temple de dieu ! Allez, je vais te chercher un mari." Et je les faisais rire, nous riions ensemble en nous moquant de nous-mêmes, et ainsi nous devenions amies. Elles ont beaucoup à nous apprendre. La plupart des enfants de la Maison Shalom sont des enfants dits "bâtards" ou "naturels" ou "illégitimes" selon les expressions consacrées. Comme si un enfant n'était pas toujours naturel et légitime ! Un enfant est un enfant. »

L'un, né d'un Français et d'une Burundaise, a été renié par sa mère. Sa grand-mère l'a pris sous son aile, mais l'a élevé à l'insu de tous, en le cachant sous son lit. Le garçon a plus de dix ans mais ne sait toujours pas marcher, il n'a jamais appris.

Un autre a perdu l'usage de la parole. Ses parents ont été brûlés vifs devant lui. Son petit frère a eu le crâne écrasé au pilon dans un mortier. Comment seulement survivre après ?

En 1996, le massacre de Butezi marque une nouvelle étape dans l'horreur. Dans le camp improvisé à côté de la paroisse, mille cinq cents Tutsis attendent depuis octobre 1994 une accalmie pour regagner leur maison. Le 28 mai, à 7 heures du matin, le camp est attaqué par une bande armée de Hutus. Sur les cinquante-cinq personnes assassinées, trente-huit sont des femmes et des enfants. Lorsque Maggy entend parler de l'attaque, elle se précipite sur les lieux malgré les interdictions de se déplacer dans les zones de combat. Les militaires l'arrêtent.

« À chacun son métier, leur rétorque-t-elle. À vous les armes et la mort. À moi de secourir et de soigner. » Ils la laissent passer.

Suite au massacre, une véritable chasse aux rebelles s'organise autour de Butezi, Ruyigi et Butaganwa. À Gisuru, à côté de l'Oasis de la paix, l'abbé Yvon et une sœur du couvent sont tués. Ce sont des amis de Maggy. Ils seront enterrés à Ruyigi à côté de la tombe aux soixante-douze victimes.

En juin de la même année à la Casa della pace, les volontaires italiens sont évacués : un nouveau coup dur pour Maggy. Christoph et Traudl ont dû quitter le pays le 14 avril, la laissant très seule. « Pendant toutes ces années, je n'avais pas de chambre, je dormais avec les enfants et il n'y avait donc aucun endroit où je pouvais me retirer pour pleurer, sauf chez eux. Christoph était comme mon *body guard.* Lorsqu'ils sont partis, j'ai entendu des gens qui disaient : “Maintenant qu'il n'est plus là, son orgueil va diminuer”. »

Le départ du docteur Paolo est donc une nouvelle épreuve pour Maggy et les enfants de la Maison Shalom. « C'était un homme bon doublé d'un très bon médecin, très proche des gens, qui avait pris soin d'apprendre le kirundi. Nous sommes restés amis. Il travaille en Zambie aujourd'hui. »

Tout le pays, progressivement, s'embrase. Les collines jusqu'ici préservées sont à leur tour ravagées. Les chiffres s'emballent. À chaque massacre, on parle de deux, trois, quatre cents victimes. Ici un lycée, une école, là un hôpital, le local d'une commune, tout ce qui représente le pouvoir, et donc l'oppression tutsie, sera systématiquement attaqué et brûlé. Inversement, les infrastructures des zones à majorité hutue sont aussi détruites. Dans un pays tel que le Burundi, détruire le peu d'infrastructures en place représente aux yeux de Maggy « l'expression d'un désespoir incommensurable ». Finalement, pour tenter de capturer les rebelles, l'armée impose à la population de se regrouper dans des camps. Tous les réfractaires sont considérés comme des ennemis.

C'est au cours de ce même mois de juin 1996 que le CICR (Comité international de la Croix-Rouge) suspend ses activités après l'assassinat de trois de ses membres. Sur les 294 Belges présents au Burundi en 1993, il ne reste plus que quatre personnes à l'ambassade. Au mois de juillet 1996, le major Pierre Buyoya reprend le pouvoir par un nouveau coup d'État. Toutes les négociations sont interrompues. La communauté internationale décrète un embargo. L'aide humanitaire est immédiatement ralentie.

Période de désolation totale, où l'être humain est perdu dans la masse des malheurs collectifs. Mais Maggy se bat en opposant au collectif des actes uniques, adaptés à chaque situation, à chaque être, chaque histoire.

Une histoire, on peut dire que le petit Dieudonné en a une. La répression suivant le massacre de Butezi a été fatale à sa famille. Âgé de six mois, sa mère le porte dans son dos lorsqu'une grenade éclate. L'enfant a la mâchoire arrachée. Quand les secours arrivent deux jours plus tard, la mère est morte, lui est vivant.

Maggy le transporte à Bujumbura, mais l'hôpital n'en veut pas, ni aucun médecin. Son cas est trop désespéré, on ne peut le soigner, ni correctement l'alimenter. Pourtant Maggy ne se résigne pas. Elle le ramène à la Maison Shalom où elle décide de le garder et le baptise Dieudonné. « Nous nous y sommes tous mis. Nous l'avons pris chacun dans notre lit à tour de rôle pour l'apaiser. On avait un mal fou à le nourrir. Les sondes ne suffisaient pas. Un jour, alors qu'il n'avait pas trois ans, il a attrapé le plat de bouillie à pleines mains pour essayer de le manger tout seul, c'est dire s'il avait envie de vivre. Il fallait le cacher, tout le monde en avait peur tellement son visage était abîmé. Sa plaie ne cicatrisait pas et dégageait une odeur terrible. Deux ans, nous l'avons gardé comme ça. Et il ne mourait pas. » À travers l'enfant qui refuse de mourir, Maggy voit une énergie essentielle qui ne demande qu'à s'épanouir et à croître vers l'avenir. Elle le garde avec elle au risque même d'être parfois incomprise par son entourage. « On me reprochait de négliger les autres enfants. “Vous vous agrippez à Dieudonné”, me disait-on. C'est vrai que je manquais certaines réunions pour trouver des subsides mais j'ai tenu, deux ans j'ai tenu, jusqu'à l'arrivée de Bibi qui a tout changé. »

Bibi est une petite femme énergique d'une soixantaine d'années, solide comme un roc, et toujours prête à sourire. Chaleureuse et ronde dans ses gestes, elle ne s'assombrit qu'au moment de raconter son histoire.

En 1972, la vie paisible des collines bascule et s'ensuivent de longues années d'exil pour elle. Jeune mariée, elle se réfugie en Tanzanie où elle reste six ans avec son époux. Deux de ses huit enfants y voient le jour dans une hutte que le couple a bâtie lui-même dans la forêt. La famille fuit ensuite vers le Rwanda. « Comme nous avions le statut de réfugiés, un seul des deux conjoints avait le droit à un travail rémunéré, alors je suis restée à la maison pour élever les enfants. » En mai 1994, en plein génocide, son mari et sa fille aînée sont tués à Kigali. Avec des centaines de milliers d'autres réfugiés, Bibi se retrouve de nouveau sur les routes, cette fois en direction du Zaïre. Dans les camps immenses ravagés par le choléra, la famille est disloquée. Bibi et deux de ses enfants survivent dans la forêt pendant deux ans. En 1997, la guerre éclate au Zaïre[1]. Il faut de nouveau repartir vers le Burundi en passant par le Rwanda, d'où elle est refoulée. C'est donc une femme totalement découragée qui retrouve son pays d'origine. Elle retourne chez ses beaux-parents, près de Ruyigi, avec deux de ses enfants. Le couple très âgé les accueille comme une bénédiction. En avril 1998, son fils a besoin de médicaments pour ses yeux. Bibi se rend à Ruyigi où elle entend parler de Maggy. Mais elle ne reconnaît pas dans le portrait qu'on lui en fait la jeune élève qu'elle a connue autrefois. En effet, Bibi est l'ancienne institutrice de Maggy et une vieille amie de la famille. « Je croyais que c'était un Blanc ! En chemin, un enfant m'a dirigée vers “Maggy” en me précisant qu'il s'agissait de Marguerite Barankitse. Alors je me suis souvenue de la fille de Thérèse. Sa maison était toujours ouverte, et elle

1. C'est à l'issue de cette guerre que le Zaïre deviendra la République démocratique du Congo.

y ramenait des enfants de l'école pour les laver. J'y passais régulièrement pour bavarder avec la maman. Lorsque nous nous sommes retrouvées, nous avons parlé, parlé, parlé... et pleuré pour toutes ces années, pour tous mes enfants dont je n'avais aucune nouvelle. »

Maggy raconte : « J'ai voulu la prendre avec moi car son village d'origine me semblait dangereux pour elle. Puis, lorsqu'elle a été à peu près remise, je lui ai proposé de travailler pour les enfants. J'avais peur qu'elle refuse en raison de tout ce qu'elle avait vécu et de l'hostilité qui régnait dans la région vis-à-vis des Hutus. » Mais Bibi accepte. « De la nature humaine, j'ai vu le pire et le meilleur. » Et elle choisit de se mettre au service du meilleur. « Maggy m'a aidée, je n'aime pas mendier, j'aime manger le fruit de mes efforts. »

Maggy a appris qu'« il est possible d'espérer contre toute espérance », comme elle aime à le répéter en citant saint Paul, et une fois de plus elle reçoit comme un signe le retour de son ancienne institutrice. Celle-ci devient un des piliers de la Maison Shalom et prend en charge tout le secteur de la petite enfance. Elle encadre les éducatrices, disponibles vingt-quatre heures sur vingt-quatre pour s'occuper des petits. Dès que cela lui devient possible, elle leur octroie un jour de congé hebdomadaire. Congé auquel elles ont également droit lorsqu'un enfant meurt à la Maison Shalom. « Elle a perdu son enfant, explique Maggy. Il lui faut ce congé pour en faire le deuil, elle en a besoin. On ne fait pas semblant ici. La mort est toujours une déchirure. Elle fait mal. Il ne faut pas la banaliser. »

Bibi s'occupe également de la distribution du lait et veille sur la santé des enfants. La fièvre de celui-ci, la malaria de celui-là, et cet autre qui pleure de manière inexpliquée du matin au soir et que l'on n'arrive guère à soulager. « Avec l'embargo, nous manquions de tout, raconte Bibi, surtout de médicaments. C'est difficile d'apaiser un enfant qui souffre. »

Peu de temps après l'arrivée de Bibi qui soulage énormément Maggy dans son travail, une autre bonne nouvelle vient changer la vie du petit Dieudonné. « Lorsqu'en 1998 nous avons eu la visite de journalistes de la télévision allemande, ils ont montré une certaine surprise devant l'état des enfants. Comme s'ils allaient trop bien ! Pour leur émission, ils voulaient du spectaculaire. Un cas désespéré. J'étais réticente à l'idée de leur présenter Dieudonné. Finalement, ils l'ont vu et ont voulu le sauver. Leur reportage a bouleversé tout le monde en Allemagne. Une femme a remué ciel et terre pour lui, afin qu'il puisse être soigné. Quelques mois après ce reportage, Christoph et Traudl nous accueillaient en Allemagne. J'avais enveloppé Dieudonné dans une couverture pour le protéger des regards. Nous nous sommes rendus jusqu'en Thuringe où cette femme extraordinaire nous a reçus. Elle a pris soin de Dieudonné pendant trois ans comme s'il était l'un de ses propres enfants. Il a été opéré plusieurs fois. Elle s'est occupée de tout, soutenue par la Caritas et le gouvernement allemand qui a pris en charge le coût des opérations chirurgicales. Elle a songé à l'adopter mais j'étais contre cette idée, car pendant son absence nous avions lancé des recherches concernant sa famille. Et nous avons retrouvé un de ses oncles qui vivait en Tanzanie. Nous avions découvert le véritable nom de Dieudonné : Deo gratias, « grâce à Dieu ». Sans le savoir, nous l'avions nommé comme ses parents ! Tous ces petits miracles ! Dieu sait s'il y en a eu, mais si je les racontais tous, que dirait-on ! À la longue, j'ai retrouvé son appartenance ethnique et son clan. Aujourd'hui, il doit encore retourner en Allemagne pour une nouvelle opération mais un jour nous irons ensemble sur sa colline natale et nous lui bâtirons une maison. »

Des miracles, il y en a d'autres, en effet. Bosco est arrivé chez Maggy tout petit, sous-alimenté, fiévreux et muet. Maggy le nomme Daniel, comme le prophète de la Bible. Elle le conduit à l'hôpital de Butezi. Après un séjour de quelques mois, il revient à la Maison Shalom. Il est à peu près rétabli, mais ne parle toujours pas et il faut encore l'aider pour qu'il mange. Un jour, à l'heure du repas, Maggy l'encourage doucement : « Daniel, il faut manger, et puis rire avec les autres... » Il la regarde droit dans les yeux et soudain lui dit : « Mais je ne m'appelle pas Daniel, je m'appelle Jean-Bosco ! » Comme pour chacun, elle essaye de retrouver sa famille. « Après des années de recherche, je commençais à perdre courage. Puis on a réussi à retrouver l'ancienne propriété de la famille, du côté de Gitega. Et lorsque nous y sommes allés avec Bosco, sa grand-mère était là ! »

Chapitre 8

Bâtisseur d'espérance

1993-1998 : cinq ans d'une lente agonie, une descente progressive aux enfers pour l'ensemble du pays. Confrontée à ce désastre, Maggy ne cesse de se battre pour la vie des enfants mais aussi de dénoncer, et pour beaucoup elle représente la « femme à abattre ». Tout la révolte, et parfois elle remet en question, avec une certaine agressivité, ceux qu'elle juge responsables de la situation. La parfaite hypocrisie avec laquelle certains pratiquent la religion la heurte aussi terriblement. Il lui arrive même d'interpeller tel ou tel, à l'église ou dans la cathédrale, et de provoquer un scandale. On la prend alors pour une folle, on essaye de la calmer, mais rien n'y fait. Son étonnante force physique et sa volonté ont le dessus. Même les organisations internationales ne veulent pas entendre parler d'elle. Car lorsque les portes se ferment, elle tente de les ouvrir de force. Pour se faire entendre, Maggy agit comme elle l'entend, que cela plaise ou non. En 1997, par exemple, pour la Journée de l'enfant africain, le 16 juin, en souvenir du massacre des enfants de Soweto en Afrique du Sud, l'Unicef distribue mille drapeaux dans le camp des déplacés de Butezi. Alors que les cérémonies se préparent, on charge Maggy de donner les drapeaux aux enfants, lui expliquant qu'ils devront les brandir au moment du passage des officiels. Elle rétorque que les enfants n'ont quasiment pas de vêtements et ne peuvent pas agiter des drapeaux alors qu'ils sont à moitié nus. Mais elle se heurtera à une fin de non-recevoir. Alors elle s'organise. Avec les femmes du camp, elle coud les drapeaux triangulaires par deux pour former des culottes. Les enfants défilent aux couleurs de l'Unicef, mais sur leurs fesses... ce qui fera scandale.

Malgré ces grandes opérations, Maggy est choquée par l'abandon des déplacés obligés de rester dans des camps sordides pour leur sécurité. Alors, de façon plus discrète, elle revient dans le camp de Butezi avec des enfants de la Maison Shalom. Cette fois il s'agit de fêter Noël avec les déplacés, d'honorer la fête de l'enfance et du partage.

C'est en 1997 que l'horizon commence à se dégager. L'article que lui a consacré le magazine *Géo* a eu un grand retentissement. Lorsque, l'année suivante, Olara Otonou, l'adjoint au secrétaire général des Nations unies pour la protection des enfants dans les pays en crise, en visite au Burundi, demande dès son arrivée à rencontrer Maggy, cela fait scandale, mais cette « folle » de Maggy devient soudainement fréquentable... À partir de cette époque, beaucoup s'accordent à reconnaître la qualité de son action. La même année, Maggy est présentée par le Secours catholique français pour recevoir le prix des Droits de l'homme du gouvernement français, en présence de Lionel Jospin. Le jour de la cérémonie, elle déclare : « J'espère que la main qui me donne aujourd'hui cette médaille cessera de livrer des armes à mon pays. »

C'est une des premières fois depuis 1991 qu'elle s'envole loin de l'Afrique, loin des massacres, de la misère, de son combat quotidien. Lors d'un de ces voyages en Europe, elle s'autorisera à tomber malade. « J'ai reçu une grande leçon. Je me prenais trop au sérieux en me croyant indispensable. À mon retour à Ruyigi, je me suis aperçue que tout avait très bien fonctionné en mon absence. J'ai appris à reconnaître mes limites, à accepter que je ne pouvais pas tout gérer ni tout superviser. J'ai fait attention à ce que rien ne soit détruit à cause de ma négligence. Chaque jour je dis : “Seigneur, que tes merveilles éclatent et que je n'y mette aucun obstacle.” »

Ce début de reconnaissance internationale correspond à une période de relative accalmie dans le pays. En juin 1998, la plupart des protagonistes du conflit envisagent de rouvrir les négociations de paix interrompues en 1996 suite à la reprise en force du pouvoir par Buyoya. Toutes les tendances politiques, tous les partis, excepté les plus extrémistes, sont présents à Arusha, en Tanzanie. Quelques représentants de la société civile s'y associent. On entend parler ici ou là de « négociation », de « reconstruction ». Des termes vagues qui recouvrent pourtant une certaine réalité : sans pour autant retrouver le niveau d'avant la guerre, le taux de scolarisation remonte quelque peu, les soixante derniers kilomètres de la route qui mène à Ruyigi viennent d'être goudronnés, l'électricité est même attendue pour 2000.

C'est à cette période que la Maison Shalom prend véritablement un nouvel essor. Encouragée par la communauté internationale, de nouveaux bailleurs de fonds et une équipe de plus en plus nombreuse et solidaire, Maggy ose penser plus grand, plus large. De nouvelles éducatrices sont engagées. Bientôt elles sont plus de vingt à veiller sur quatre-vingts bébés. Trois cents enfants au total sont pris en charge par la Maison Shalom.

Mais au-delà de l'aide d'urgence, Maggy voudrait offrir aux enfants un véritable projet de vie, un épanouissement, un chemin vers l'autonomie.

Elle fait d'abord appel au psychologue Prime qu'elle connaît depuis longtemps. Ils ont étudié ensemble à l'école normale et leurs deux familles se sont toujours respectées et aimées. Prime raconte : « Dans le temps, donner une vache à quelqu'un, c'était lui témoigner une grande amitié. Je me souviens que mon père me disait que ma famille avait donné une vache à celle de Maggy. Je crois que je considérais Maggy comme ma grande sœur. » Ce Tutsi a été en partie élevé par une famille hutue : son école étant située trop loin de la maison paternelle, la maman hutue l'avait accueilli et s'était occupée de lui plus encore que s'il avait été l'un de ses propres enfants. Cet exemple l'a beaucoup marqué et c'est en ce sens qu'il veut aider les enfants de la Maison Shalom. Prime a beaucoup à faire. Des séances d'écoute sont organisées à la suite desquelles il propose à certains enfants une psychothérapie. C'est la guerre, et pourtant il faut qu'il accompagne chacun dans son long cheminement vers la paix en lui-même. Les éducatrices l'aident dans son travail auprès des plus petits. Mais les trois premières années sont dures.

« Je vivais dans un dilemme permanent : je souhaitais réinsérer les enfants dans leur colline mais c'était aussi une façon de les exposer au danger puisque cela signifiait que nous allions visiter les familles dans des zones de combat ou dans des camps de déplacés. Et c'était aussi m'exposer moi-même. Les laisser dans les centres d'accueil n'était pas une bonne solution non plus. Maggy nous disait d'être inventifs chaque matin. Lorsque nous découvrions que la région à l'est prévue sur notre programme de visite était déclarée zone rouge, le matin même de notre départ, nous allions vers le nord. Quand ça n'allait plus au nord, nous changions de direction et ainsi de suite. Parfois on travaillait comme des fous, à la manière de ces ambulances qui n'obéissent à aucune règle de la circulation. Maggy nous répétait qu'il fallait intervenir le plus tôt possible auprès des enfants traumatisés pour éviter d'avoir à réparer les pots déjà cassés. Ce travail me plaisait et m'épanouissait, mais je n'étais pas convaincu, comme Maggy, que la guerre allait finir un jour et que Dieu protégeait les enfants. Et pourtant ses paroles se sont traduites en actes puisque aucun des enfants réinsérés n'est mort à cause de la guerre. C'est à cause de la maladie que certains nous ont quittés.

Je voulais apprendre aux enfants comment réorienter leur vie, comment lutter tout en tenant compte de la pauvreté de la communauté. Petit à petit, j'ai compris qu'aider les enfants blessés, ce n'est pas leur donner plus, mais leur demander plus. »

Beaucoup de tentatives de réinsertion réussissent malgré l'insécurité. S'ils sont entourés par l'affection des membres de la famille proche ou éloignée, les enfants ne ressentent pas le danger comme les adultes. Une fois la réinsertion effectuée, Maggy ne renonce pas pour autant au suivi. Mais parfois père et mère sont morts et il ne se trouve aucun parent bienveillant pour accueillir les enfants.

A-t-elle jamais songé à l'adoption ? « Nous avons lancé des appels, raconte Prime, mais les réponses que nous avons reçues en retour ne paraissaient pas très sérieuses. Il s'en dégageait un mauvais esprit. Les parents recherchaient une main-d'œuvre docile. » Quant à l'adoption internationale, Maggy a toujours été très réservée à ce sujet. « J'ai toujours senti que cela allait à l'encontre de ce que j'essayais de bâtir pour les enfants. Je lutte aussi contre le modèle dominant de la civilisation occidentale. Le confort matériel ne saurait se substituer à l'appartenance culturelle. »

Que faire alors des enfants dont on n'a pas retrouvé les familles et qui arrivent souvent par fratries ? C'est de cette question que germera l'idée des « maisons-ménages ».

Ernest vient d'arriver avec ses cinq frères et sœurs. C'est l'aîné, il a tout juste vingt ans. Leurs parents tutsis sont décédés dans les massacres de 1993. Il y a quatre ans, leur oncle maternel est venu les chercher pour les conduire au Zaïre, à Uvira. Ils restent discrets sur ce qui s'est passé pendant ces quatre années et disent seulement qu'ils ont réussi à « s'échapper ». Lorsqu'ils arrivent à Ruyigi en 1998, ils sont meurtris et sans ressources. Là, ils improvisent un toit de planches en bois et commencent à mendier dans les rues. Maggy finit par avoir vent de leur présence et les prend avec elle. Aussitôt, ils retournent à l'école et s'intègrent à la vie collective, participent aux travaux des champs. Mais au sein de la Maison Shalom, la fratrie est éclatée : selon l'âge et le sexe, les uns et les autres dorment dans des dortoirs séparés. Une nouvelle recherche familiale s'avère infructueuse et Maggy voit bien que, malgré un mieux-être matériel, quelque chose de bien plus précieux est mis en danger. « Leur fratrie, que l'adversité n'avait pas réussi à rompre, était mise à mal à la Maison Shalom et je le voyais comme une régression. »

L'histoire singulière de Justine sera aussi un élément déclencheur dans la mise en route des maisons-ménages. Le destin de cette jeune Hutue, aujourd'hui âgée de vingt-quatre ans, s'est lié à celui de Maggy en 1993 au moment des massacres. Avec ses cinq frères et sœurs, elle fait partie des enfants arrivés chez Martin dans la première semaine qui a suivi le drame, où ses deux parents et sa plus jeune sœur ont été assassinés. L'un de ses petits frères avait été laissé pour mort. Maggy l'a récupéré. Longtemps il est resté traumatisé par ce qu'il venait de vivre. Justine elle aussi a durablement subi les conséquences du massacre. Sur le moment, dira-t-elle, je n'ai rien compris à ce qui nous arrivait. Selon Christoph et Traudl, « elle avait un caractère très affirmé. Dans la journée, elle était très vive, très active, présente, serviable. C'était la plus âgée et elle aidait beaucoup l'ensemble des petits. Mais la nuit, il lui arrivait de trembler, de crier, de hurler même. Lorsque les crises étaient trop violentes, Maggy venait nous chercher. Plusieurs fois, pour tâcher de la calmer, nous sommes partis en pleine nuit malgré le couvre-feu jusqu'au centre de santé de Butezi pour trouver le docteur Paolo. Mais il était aussi impuissant que nous ».

« Je ne connais pas la souffrance d'un enfant devant qui l'on tue son père ou sa mère, mais j'en ai été le témoin », dit Maggy.

À ces enfants qui n'ont plus ni maison ni famille, Maggy inventera l'une et l'autre. Les grands s'occuperont des plus petits, et un terrain, elle en trouvera un ! Celui qui appartenait à la famille de Justine existe bel et bien mais il est situé à proximité de la maison de l'assassin de ses parents. L'heure n'est pas encore venue du pardon.

Quant au terrain de la fratrie d'Ernest, les voisins l'ont réquisitionné. Et la justice laisse faire. Depuis 1972, de nombreuses familles ont ainsi été spoliées de leur bien en toute impunité. Le phénomène s'est reproduit en 1993, notamment dans les campagnes. La disparition de familles entières, le déplacement de 15 % de la population, l'exploitation des champs par les voisins alentour ont rendu difficiles l'attribution et la répartition des terres. La complexité de la situation a créé de nouveaux conflits dont certains se soldent par des meurtres. Maggy fait alors appel à Antoine, l'ami sur lequel elle n'a jamais cessé de compter, celui avec qui elle a pu pleurer en 1993 et qui dit de Maggy qu'elle lui a appris à « construire la joie sur zéro ». L'ancien juge devenu avocat se bat pour faire respecter les droits fonciers des enfants de la Maison Shalom. « Les orphelins sont des proies faciles. Dès qu'ils ont atteint la majorité, on leur propose de leur racheter la maison de leurs parents disparus pour un prix souvent dérisoire. Ils cèdent volontiers devant l'opportunité de tourner la page et la perspective de disposer d'un peu d'argent. » Parfois ce sont les enfants d'une même fratrie qui se disputent. Dans ces cas-là, Maggy essaie de leur faire comprendre « que le plus grand bien que leur mère leur ait laissé, ce n'est ni une maison ni un terrain, mais un frère ou une sœur ». Ou bien Antoine s'aperçoit que des membres éloignés de la famille ont déjà revendu de façon plus ou moins anarchique ce qui ne leur appartenait pas. Quoi qu'il en soit, dans la plupart des cas, les démarches se transforment en véritable parcours du combattant pour récupérer les titres de propriété.

Et même si certains disposent de leur bien, ils n'ont pas forcément à cœur de rebâtir la maison familiale ni de vivre sur les lieux du massacre, parfois à proximité des assassins eux-mêmes. Dans cette situation, Maggy leur offre une parcelle des terres qu'elles a reçues en héritage. Cinq hectares sur les collines de Nyamutobo qu'elle a légués à la Maison

Shalom. Lorsque des questions de sécurité l'imposent, elle achète une parcelle à Ruyigi. Cela a été le cas pour la famille d'Ernest. En concertation avec lui et avec les aînés, il a été décidé qu'ils resteraient au centre de la ville, conservant ainsi un accès d'autant plus facile à l'école et au lycée.

Comme chacune de ces maisons-ménages qui verra le jour, le plan du bâtiment s'inspire de l'habitat traditionnel. Deux entrées centrales ouvrent sur le salon qui dessert lui-même deux chambres de chaque côté. L'annexe, distante de quelques mètres, est divisée en trois parties avec chacune leur entrée directe : le coin sanitaire – soit une grande fosse vidée tous les deux ans –, un espace clos pour se laver, et un coin-cuisine où l'on fait du feu à même le sol. Au début, il n'y a ni eau courante ni électricité.

Les premières maisons, comme celles de la famille de Justine ou d'Ernest, sont construites en briques adobes – en terre, moulée dans un cadre en bois rudimentaire et séchée au soleil. Le toit, les portes et les fenêtres sont en tôle, seul matériau qu'il faut acheter. Tous les enfants participent à la construction. Ils façonnent les briques, élèvent les murs, posent les tomettes en terre cuite sur le sol, aident les ouvriers qualifiés à l'installation des portes et des fenêtres. Le mobilier est réduit au strict nécessaire : lits, table et bancs. Quelques bananiers sont parfois plantés, accompagnés d'un carré de manioc ou d'un poulailler.

La famille expérimente alors un nouveau mode de vie qui peut véritablement s'inscrire sur la durée. Les enfants peuvent avoir accès au point d'eau des voisins contre une participation mensuelle. Les garçons se chargent de l'eau et de l'entretien des bananiers. Les filles cultivent la parcelle et font la cuisine. Ils partagent ensemble l'entretien des lieux. C'est précisément ce que voulait Maggy : « Dans les orphelinats du Burundi, qui sont d'ailleurs pour la plupart gérés par des congrégations religieuses étrangères, l'enfant est accueilli jusqu'à sa majorité. Après quoi, il est livré à lui-même. Il n'a alors aucune ressource personnelle. Précédemment pris en charge dans un univers fermé et plutôt privilégié, il se retrouve alors complètement décalé par rapport à la vie des collines. Il n'a aucun sens des responsabilités et garde l'illusion qu'il recevra tout de l'extérieur. Qu'en est-il alors de sa créativité ? Il faut pourtant se vivre, devenir acteur de son propre développement. Tous ces orphelinats m'ont servi de contre-exemple pour la Maison Shalom. »

Pour encadrer le système des maisons-ménages, Maggy embauche des assistantes sociales. Ces dernières passent régulièrement voir comment les enfants s'adaptent à la situation, surveillent la régularité de leur présence à l'école ainsi que leurs résultats, l'évolution des relations entre frères et sœurs, la façon dont ils gèrent leur stock de nourriture et leur plantation. Une attention particulière est portée à l'hygiène et à l'utilisation de l'eau.

Les premières expériences s'avèrent positives. Maggy passe souvent dans l'une ou l'autre des maisons, vient parfois à l'improviste, apporte des boissons et de quoi améliorer l'ordinaire d'un repas qu'ils partagent tous ensemble. Elle distribue des conseils, des recommandations, parfois même des remontrances. « Prenez-vous en main, vous ne serez pas des éternels assistés ! » Mais le plus souvent ses visites sont empreintes d'une grande tendresse pour tâcher d'accompagner ces jeunes dont l'enfance et l'adolescence ont été piétinées.

Prime lui aussi fait le tour de ces « nouvelles » familles. Avec les aînés, « chefs de ménage », il organise régulièrement des séances de formation sur des thèmes précis. Il se tient à l'écoute de leurs observations, les invite à faire attention à d'éventuelles anomalies dans le comportement de l'un ou l'autre des enfants de la maisonnée : anorexie, école buissonnière, cauchemars, dégoût du jeu, mutisme sont autant d'indices qui révèlent une souffrance latente. Il les aide à faire face aux événements, quels qu'ils soient. En période de trouble, certains habitants des collines se réfugient chez eux au lieu de demander asile directement à la Maison Shalom. « Les gens arrivaient dans les maisons, affolés, en disant : "Les militaires et les rebelles ne peuvent pas tuer les enfants, alors nous venons chez vous." Cela rassurait tout le monde. Du coup, les enfants restaient chez eux, même quand il y avait une attaque tout près. Ils étaient évidemment très stressés, mais c'était un stress meilleur, si l'on peut dire, car ils étaient responsables, et se retrouvaient à soutenir ces réfugiés. »

En 2005, ces maisons-ménages sont presque cinq cents. Près de deux mille enfants y habitent avec leurs frères et sœurs de sang ou de cœur.

Chapitre 9

Pas d'avenir sans pardon

Le cœur, c'est peut-être l'une des plus grandes forces de Maggy qui a tout misé dans la puissance du pardon, dans la possibilité, par cette démarche, de retrouver la part lumineuse qu'il y a en chacun. Car elle voudrait offrir de nouvelles perspectives à ces enfants qui ont été victimes d'une situation qu'ils n'ont pas voulue, donner d'autres références à celui qui a vu ses parents assassinés. C'est ainsi que l'éducation à la paix s'impose très tôt comme la première mission de la Maison Shalom. « Je voulais faire naître au Burundi une nouvelle génération qui porterait la lumière du pardon sur toutes les collines. »

Mais dans un pays où la vengeance est quasiment culturelle, le désir de réconciliation fait figure de gageure. « Chez nous, quelqu'un qui demande pardon perd la face, trahit son clan, explique-t-elle. C'est un déshonneur. Le désir de vengeance est comme le substitut d'une forme de dignité. La notion de responsabilité dans notre pays n'a jamais été individuelle. Chacun est responsable de l'acte commis par n'importe lequel de ceux qui appartiennent au même clan. De même, si quelqu'un est humilié, c'est le groupe en entier qui en porte la honte. “*Umuryambura atukisha umuryango*”, “celui qui mange du chien fait insulte à toute la famille”. Cela correspond à un esprit de solidarité qui avait ses raisons d'être jadis dans une certaine organisation de la société en équilibre avec d'autres valeurs qui, elles, n'ont pas perduré. Cependant, les anciens savaient parfaitement que la vengeance est une impasse. »

Des proverbes et des histoires traditionnelles étaient aussi là pour le leur rappeler, comme en témoigne cette légende. Il y a deux siècles, deux clans vivaient harmonieusement au Burundi. Mais un jour, les Bagomeras, jaloux des faveurs que le roi accordait aux Bahindas, décidèrent d'organiser le massacre de ces derniers. Seule la fille du chef en réchappa. Son père, à l'agonie, lui demanda de venger son peuple. La jeune femme promit. Pour ce faire, elle épousa un fils bagomera afin de mieux s'introduire dans le clan opposé et lui nuire. Mais la jeune femme tomba amoureuse de son époux et ensemble ils eurent beaucoup d'enfants. Déchirée, elle ne savait comment honorer la promesse faite au père sans détruire son amour, quand son frère, lui aussi rescapé du massacre, réapparut brusquement. Elle lui conta son tourment. Qu'elle ne s'inquiète de rien, lui dit-il, il vengerait le peuple à sa place ! Mais leur conversation fut entendue et le frère fut tué aussitôt sous les yeux de sa sœur. La jeune femme prépara alors un poison qu'elle mêla à la bière pour la fête. Elle servit l'assemblée, mais ses enfants aussi goûtèrent au breuvage mortel. Le soir, il ne lui restait plus rien, ni frère, ni époux, ni descendance[1]. Ainsi apprenait-on autrefois aux enfants les méfaits de la vengeance.

Le génie de Maggy consiste à savoir marier harmonieusement, malgré leurs contradictions, les valeurs des systèmes sociaux qu'elle a côtoyés. Elle a toujours su naviguer avec un certain bon sens entre les références traditionnelles, les valeurs de la religion catholique et celles des institutions publiques mises en place par la colonisation puis l'État. « J'essaie de prendre ce qu'il y a de beau dans toutes les cultures, aussi bien dans ma tradition que dans l'esprit occidental. Mais c'est surtout ma foi qui m'a aidée à avoir un autre regard. La foi m'a maintenue debout dans les moments les plus atroces. J'ai toujours gardé dans mon cœur cette phrase de la Bible : “Je suis avec vous jusqu'à la fin des temps.” C'est ce qui m'a permis de dire oui, oui au don, et c'est un oui de tous les instants qui me tient debout. Chaque événement m'a demandé et me demande toujours de dire oui à la vie, cela implique d'être toujours en éveil. Dire non à la haine fratricide requiert une énergie qui dépasse les simples forces humaines. Pour moi il n'y a qu'une seule religion, celle de l'amour. Mais il est vrai que la notion de pardon est vraiment propre à la foi biblique. »

Ruyigi est une petite ville, où victimes et bourreaux se croisent fréquemment. Les enfants des vic-

1. Ce conte traditionnel est très connu au Burundi. Marie-Louise Sibazuri, dramaturge, l'a repris dans sa pièce *Ngorore Y Abahinda* (*L'Offrande aux Bahindas*).

times subissent régulièrement des agressions verbales dont ils tâchent de se protéger en allant tous ensemble à l'école. Maggy veille à leur éducation, les rassure et les protège sans pour autant se faire d'illusions sur la nature humaine. Elle sait bien quelle soif de vengeance grandit dans le silence. Les fils et les filles veulent éliminer les assassins de leurs parents, qui le leur rendent bien, dans la crainte qu'ils ont de voir la vengeance s'abattre sur leur propres enfants. Le meurtre est latent partout dans les cœurs.

Maggy voudrait pouvoir libérer ses enfants de leur douleur, car elle sait bien à quel point la haine abîme celui qui la porte, elle voudrait interrompre cette chaîne de vengeance qui se transmet silencieusement de génération en génération. Mais comment accompagner ces êtres vers une réconciliation ? « Ce sont eux qui m'ont appris. La réconciliation a souvent commencé avec les enfants des criminels. Justine passait tous les jours devant la maison du meurtrier de ses parents pour se rendre au lycée. Pendant trois ans, ils n'ont échangé aucun mot. Elle fréquentait le même lycée que les enfants du criminel et, petit à petit, cette situation les a rapprochés de fait. Lorsque nous avons célébré la communion de la petite sœur de Justine, nous avons invité cette famille. Au début, ils sont venus seulement pour consommer, mais avec le temps, ils sont venus pour l'amitié. Oui, petit à petit, nous sommes devenus une famille amie. »

Cette réconciliation est devenue un exemple pour les habitants de Ruyigi, le témoignage vivant d'une paix possible entre les deux communautés.

« Je rêvais de reconstruction, malgré les combats, la misère, l'embargo. Ce dialogue avec cet homme et sa famille était porteur d'espoir. Mais cela demande du temps, de la préparation, et aussi d'évaluer ce que chacun est en mesure de faire. Dans ce domaine, c'est aussi la sincérité de l'action qui est créatrice de pardon. Lorsque nous avons commencé à évoquer avec Justine la perspective qu'elle s'installe avec sa fratrie dans l'ancienne maison de leurs parents, nous avons réfléchi ensemble à ce que cela signifiait pour elle et les siens de côtoyer ceux qui l'avaient détruite, et notamment l'assassin de ses parents et de sa petite sœur. Elle a accepté. Elle avait tout juste dix-huit ans, elle a été très grande. »

Maggy obtient que les responsables des crimes participent à la reconstruction de la maison des parents de Justine. Les uns apportent de l'eau, les autres fabriquent des briques adobes, un troisième va chercher le camion pour apporter les moellons. En décembre 2000, Justine et sa fratrie s'installent enfin dans la maison. Pour fêter l'événement, ils ont décidé de faire la petite fête traditionnelle de rencontre avec les voisins, l'équivalent en France de la pendaison de crémaillère. Parmi les voisins, il y a cet homme qui a tué leurs parents. Maggy l'invite. L'homme accepte de venir. Au moment de pénétrer dans la maison, devant tout le monde, Justine se retourne sur le seuil et s'adresse à lui publiquement. Silence dans l'assemblée. « Un jour, dit-elle, cet homme est venu vers moi et m'a demandé pardon. Ce n'est qu'après cela que je me suis sentie enfin libre. Maintenant je peux revivre. Je ne pourrai jamais oublier que mes parents et soixante-dix autres personnes ont été tués en ce jour du 24 octobre 1993. Ce n'est pas facile de vraiment pardonner à quelqu'un qui vous a fait du mal, mais au Burundi nous devons commencer à nous pardonner les uns les autres et à apprendre à vivre ensemble, sinon nous ne connaîtrons jamais la paix. » L'homme écoute, il accepte les mots de Justine. Puis soudain, à son tour, il s'adresse aux invités : « Pour ces enfants qui nous ont pardonné, nous devons agir pour que le 24 octobre 1993 ne se reproduise jamais. »

Un mois plus tard, en janvier 2001, pour fêter la construction des quatre-vingt-cinq premières maisons, la Maison Shalom organise une grande fête à laquelle de nombreuses personnalités participent, le ministre de la Promotion sociale, l'ambassadeur de Belgique, les représentants de l'Unicef, du Pam, du PNUD, le nonce apostolique, l'évêque de Ruyigi... Justine a aussi invité les voisins. Après avoir visité le site de Nyamutobo, la maison d'hôtes, les boutiques alimentaires, les nouveaux bureaux, l'assemblée se retrouve dans les jardins de la Maison Shalom. Les militaires encadrent les déplacements. Les enfants jouent du tambour pour accueillir les invités, les filles, des clochettes aux pieds, dansent et rythment leur mouvement par des sifflets et des chants. Au milieu des officiels, soudain le silence se fait. Justine s'avance pour prendre la parole.

« Maggy, souvent, tu nous répétais que nous allions un jour retrouver notre chez-nous, notre identité. *Oma*, tes rêves sont devenus réalité. *Oma*, tu as pleuré comme une maman pendant sept ans. Aujourd'hui c'est le moment de te consoler et d'essuyer tes larmes. De toi nous avons appris à respecter et à pardonner ceux qui ont tué nos parents, pillé nos biens, violé nos droits ou qui nous ont blessés physiquement et moralement.

Nous demandons à vous, les adultes, de changer votre comportement irresponsable, d'avoir pitié du nombre croissant d'orphelins de la guerre et du sida, de réveiller votre conscience. »

Ces jours restent pour Maggy chargés d'une immense émotion, comme la première moisson d'une espérance folle, la victoire de l'amour sur la haine. Même si elle sait que le pardon n'est pas l'affaire d'un jour, ne procède pas d'une décision soudaine et volontaire, mais d'un processus dont il convient sans cesse de vérifier la force en soi. Un processus complexe qui dépend de la culture, de la psychologie et de l'histoire de chacun. Pour Justine, « Maggy nous a donné de l'amour et grâce à cela nous avons pu dépasser nos tristes expériences. Elle n'était pas obligée de le faire, nous n'étions même pas ses parents. Si je ne l'avais pas rencontrée, je serais devenue à mon tour un assassin ».

Aucun cas n'est identique à un autre. Pour le petit frère de Justine, par exemple, la souffrance a été trop grande. Maggy l'a accompagné à l'hôpital pour qu'il rencontre son agresseur, celui qui lui avait donné neuf coups de machette sur la tête. L'homme, atteint du sida, était délaissé par tous ses proches. L'enfant s'est approché et a déposé un paquet.

« Ce sont des médicaments ? a demandé l'homme.

– Non, de la nourriture, a répondu Maggy.

– Pourrais-je avoir du sucre ?

– Il pourra en apporter demain », a ajouté Maggy, en désignant l'adolescent. Puis l'homme s'est tourné vers lui : « Reconnais-tu mon visage ? »

Le petit frère de Justine est sorti sans un mot.

Il a cependant accepté avec Justine et ses autres frères et sœurs d'accompagner son agresseur jusqu'à sa mort. Le jour de ses obsèques, ils lui ont tressé une couronne de fleurs. Mais il réagit différemment de sa sœur : « Ils m'ont fait du mal, dit-il, je ne veux pas leur en faire, mais je garde la distance. Je ne souhaite pas non plus leur faire du bien. »

L'histoire de Justine et de sa famille est singulière. Maggy ne cherche pas systématiquement une confrontation entre la victime et son agresseur, elle préfère agir en fonction du contexte et de l'histoire de chacun. « Ce sont vraiment les enfants qui ont souhaité se libérer. Fils et filles de victime ou d'assassin, en devenant amis à l'école, ils nous ont ouvert cette voie. »

Libérer la victime mais aussi l'assassin, c'est le double objectif que Maggy recherche à travers la démarche. « Celui qui tue est la première victime de son geste. On ne peut pas condamner un homme, seulement son geste. Plus que la mort, la culpabilité empêche en nous l'humanité. Le défunt s'en va dans l'innocence et la dignité mais celui qui a tué doit se réconcilier avec sa conscience pour ne plus faire semblant d'être. Et c'est notre rôle d'aller vers lui pour que le pays guérisse de la maladie qui le dévore depuis tant d'années : le faux-semblant doublé inévitablement de la méfiance. Pour cela, il faut créer des occasions de rencontre qui puissent s'ancrer dans la vie quotidienne afin de susciter une relation de confiance mutuelle. Il nous faut tendre la main à celui qui a commis un crime pour le libérer de ce crime, car ce crime l'assassine aussi, l'empêche d'être un homme. Il faut offrir au bourreau des occasions pour qu'il puisse demander pardon. Si vous vous rapprochez d'un criminel petit à petit et que vous essayez de lui montrer que lui aussi est parent, il peut devenir à son tour un bâtisseur de paix. »

Plus qu'à la parole Maggy croit à la vertu d'actes simples qui engagent physiquement la personne humaine. « Dans la société burundaise, la parole a été si profondément entachée par le mensonge que nous devons parier sur des gestes de réparation quand bien même ils ne sont que symboliques. Qu'un criminel aille seulement puiser un seau d'eau afin de fabriquer une brique pour la reconstruction de la maison de ceux dont il a assassiné les parents, c'est là la matérialisation d'un repentir. »

« Toute vie est sacrée, même celle du criminel. Il faut l'amener à découvrir sa propre lumière et à l'exprimer suffisamment pour qu'il puisse aussi être capable de voir son ombre. Quand on me demande si les criminels n'ont pas besoin de la sanction pour se sentir délivrés, je réponds que la priorité des priorités, c'est de rompre le cycle de la vengeance. Je sais bien la difficulté du chemin, je sais que nombreux sont ceux au Burundi qui ne comprennent même pas qu'ils ont mal agi, qui trouvent normal de tuer. Je sais que cela prendra beaucoup de temps pour que certains commencent à regarder leur histoire et celle du pays autrement, et qu'ils commencent à regretter. Justine nous a montré à quel point le pardon pouvait créer du lien, redonner de l'humanité à un assassin, quel magnifique cadeau ! Si je pouvais entendre un jour les assassins des parents de Lydia et Lisette me dire : "S'il vous plaît, délivrez-nous, pardonnez-nous et recommençons, reconstruisons ensemble." »

En aucun cas Maggy ne prétend substituer le pardon à la justice. « Le pardon serait facilité si la justice était exercée avec davantage de moyens et d'équité, davantage de respect des textes de loi. » Mais en temps de guerre, dans une société rongée par l'exclusion, qu'elle soit politique, régionale, sociale ou ethnique, il faut bien s'adapter. « Les prisons ne suffiraient pas à contenir tous les criminels s'ils devaient tous être jugés ! La société fondée sur l'exclusion a créé beaucoup de confusion dans l'esprit des gens, qui empêche de respirer et d'agir. Il nous appartient de retrouver le chemin de la confiance pour donner une chance à la part lumineuse. »

Sans attendre une solution collective[1], elle a choisi d'avancer au cas par cas, en accomplissant un travail approfondi avec les enfants, le personnel, les partenaires et les amis de la Maison Shalom.

Un jour, un homme, malade, est venu implorer

1. En 2005, un programme a été initié au Burundi inspiré de la commission « Vérité et Réconciliation » en Afrique du Sud.

son aide suite à un vol dans sa maison. « Je le connais, a dit Maggy, c'est un assassin, qu'il aille au diable ! » Une heure après, elle envoyait quelqu'un s'enquérir de la situation. Atteint du sida, l'homme était mourant, sa maison saccagée. Maggy lui a fait porter un matelas et des vivres. L'assistante sociale est venue le visiter jusqu'à sa mort. « L'amour est plus exigeant que la loi. Rien ne saurait inviter mes enfants à la vengeance. Même si je sais que le pardon est un travail de longue haleine et que les jeunes peuvent faire semblant. Parfois, il faut attendre le moment de mourir pour oser. Quand je le prends contre moi, quand je le lave, finalement mon frère me dit : "Maggy, tu as été brave, je te demande pardon". »

Elle a bien conscience que le travail du pardon nécessite un « retournement au plus profond de soi-même ». Cette révolution intérieure, elle l'a accomplie en elle-même.

« J'étais très en colère. Il m'a fallu beaucoup de force et de prières pour retourner à l'église après les massacres. Imaginez-vous, être assise à côté d'un assassin, fier et arrogant, comme certains l'étaient en novembre 1993, dont je savais pertinemment qu'il ne regrettait rien de ce qu'il avait commis ! Comment échanger un geste de paix pendant l'eucharistie ? C'était au-dessus de mes forces. Le crime était là. Je ne pouvais l'oublier. Ceux qui avaient tué faisaient partie des miens, de ma famille. Mais j'ai compris au fur et à mesure que le ressentiment me détruirait. Je vivais à Ruyigi au milieu des criminels et je devais chercher un moyen de nous réconcilier. On a tellement tué au Burundi, j'ai compris que si je ne passais pas par le pardon, je devrais quitter mon pays. J'ai compris que le pardon confère aux hommes une capacité de résistance qui leur permet de demeurer humains en dépit de tous les efforts faits pour les déshumaniser.

Par peur de se désolidariser du groupe, certains ont commis des actes auxquels ils n'adhéraient pas forcément. J'ai vu tant de gens pris au piège de cette contradiction qui ont préféré commettre des crimes au nom du clan, plutôt que de faire face à leur responsabilité individuelle. Les Burundais ont été bouleversés jusqu'au tréfonds de leur âme par cette catastrophe collective. Aujourd'hui, ils peuvent prendre conscience qu'ils ont touché le fond de l'horreur. Cette conscience douloureuse, il faut la voir comme une chance, la chance pour chacun de s'approprier son identité personnelle, sortir de la lignée, avoir confiance en soi pour construire un lien libre à l'autre. Car le paradis commence ici et maintenant. C'est sur la terre que nous devons vivre le ciel. Si l'homme pouvait comprendre à quel point la haine l'aliène, tandis que l'amour le restaure, l'augmente. »

En octobre 2004, un jeune est venu de Bujumbura avec son père et sa sœur jusqu'à Ruyigi. Ils cherchaient Maggy. En 1995, il faisait partie d'un groupe armé. Leur mission était de tuer sur commande. Pour être sûr de ne jamais rater leur cible, ils assassinaient parfois toute la famille. Un matin, ils ont appris que Maggy était leur nouvelle cible. Pendant des années, le jeune homme a eu honte d'avoir seulement essayé. Et c'est elle qu'il est venu rencontrer. Depuis les massacres d'octobre

1993, il est le premier à être venu lui demander directement pardon. Depuis, elle est devenue l'amie de tous les membres de la famille. À Bujumbura, ils passent souvent à l'antenne de la Maison Shalom pour aider les jeunes, spontanément.

Chapitre 10

La Cité des anges

En 1999, Maggy ne sait pas encore l'ampleur que prendra la Maison Shalom, ni la puissance potentielle que va engendrer sa croyance au pardon. Elle ne peut que l'espérer et essaie de s'en donner les moyens. Par ailleurs, au-delà de cette démarche intérieure, elle tente de fournir à ses enfants un cadre extérieur qui leur permettra de se construire un avenir, tout d'abord en les envoyant à l'école, au lycée ou à l'université. Jusque-là assuré en grande partie par les congrégations religieuses qui avaient créé les écoles, l'enseignement est laïcisé en 1984. Selon Maggy, cette mutation trop rapide (motivée en fait par la ségrégation ethnique) provoque une baisse de la qualité de l'éducation.

Tous les enfants de la Maison Shalom sont scolarisés. C'est un point essentiel pour Maggy malgré les déconvenues qu'ils peuvent rencontrer à l'école. « Un jour, les soixante-quinze enfants sont tous rentrés avant l'heure. Ils n'ont pas dit pourquoi. Il y avait de la honte dans leurs yeux. Puis l'un d'eux est venu me voir. Il m'a raconté que l'institutrice avait frappé le petit frère de Justine sur la tête avec le tranchant de la main, en lui disant qu'il aurait dû recevoir un dixième coup de machette le 24 octobre. Ils n'ont rien dit, ils se sont tous levés et ils sont partis. »

La Maison Shalom prend également en charge les frais scolaires de nombreux enfants réinsérés ou issus de familles démunies. Les jeunes qui souhaitent se rendre à l'université en ont la possibilité, malheureusement les études universitaires sont souvent interrompues par l'obligation pour les garçons et les filles d'effectuer leur service militaire. Ils ont légalement le droit de refuser mais, dans ce cas, l'enseignement supérieur leur est définitivement fermé. Certains des enfants de la Maison Shalom choisissent cette voie. Maggy les inscrit à la nouvelle université de Ngozi, privée, catholique et payante, et ouvre une maison pour les loger. D'autres préfèrent travailler. Quoi qu'il en soit, elle cherche à offrir à tous la possibilité de devenir autonomes.

« Je ne voulais pas que tous ces jeunes soient attirés par la rébellion ou s'engagent dans l'armée. Et puis je me suis remise en question en me demandant si je ne les gardais pas tous autour de moi par égoïsme. La dépendance ne favorise pas l'épanouissement. J'ai donc décidé d'aider les jeunes à voler de leurs propres ailes. Je crois qu'il faut donner à chacun l'occasion de se rencontrer lui-même. Et puis, on connaît le proverbe : "Si tu donnes un poisson à un homme, il aura faim le lendemain, mais si tu lui apprends à pêcher..." »

L'autonomie est l'un des maîtres mots de la Maison Shalom. Il faut donner à ces enfants un métier, une indépendance pour leur offrir une liberté.

Alors Maggy monte une chèvrerie, une boulangerie, un moulin à manioc. Les premières activités, conçues avec les savoir-faire habituels de Ruyigi, fonctionnent en petite coopérative, les prix sont accessibles à la population. D'autant qu'avec l'embargo, la chute du pouvoir d'achat a banalisé la corruption. Les emplois dans les organisations internationales sont très prisés. La guerre s'est installée dans une certaine forme de normalité perverse avec son économie particulière et ses valeurs inversées. On peut entendre parfois : « Si la guerre s'arrête, je vais perdre mon emploi... »

Face à de tels propos, Maggy pose des actes clairs et productifs, non seulement pour ses enfants, mais pour le reste de la population. « Rien n'était programmé. C'est l'adversité qui nous apprend à faire face. À cette période, Ruyigi était interdite d'accès à la plupart des ONG. N'étaient présentes que celles susceptibles de fournir une aide d'urgence et autorisées à intervenir sur des zones de conflit. Depuis longtemps les programmes de coopération internationale avaient cessé. Nous étions complètement livrés à nous-mêmes. Alors nous avons inventé. » Progressivement, elle ne se contente plus des activités propres à Ruyigi. Elle crée la première maison d'hôtes : du jamais vu dans la province. Huit jeunes de la Maison Shalom, tous salariés, assurent le service d'une vingtaine de couverts et l'entretien de huit chambres. Petit à petit, les vingt couverts passeront à quatre-vingts et les chambres de huit à treize. Le bar fonctionne immédiatement. C'est encore la guerre, mais la population aime à s'y retrouver en fin de journée autour d'une bière. En

2003, le gouverneur essaie de fermer les lieux « pour désobéissance civile généralisée et irréversible » ! Mais à Ruyigi, la maison d'hôtes s'impose comme le premier symbole d'un retour à la vie : elle ne fermera pas ses portes. En 2004, Maggy ouvre un bar à Nyamutobo, à deux kilomètres du centre. Fait de quatre paillotes dans un jardin où l'on boit de la bière en mangeant des brochettes sous la lampe à pétrole, ce bar est dirigé par d'anciennes prostituées atteintes du sida. Une autre forme de retour à la vie.

En 1999, Ruyigi reste cependant une petite bourgade à l'économie archaïque dans une région en guerre, avec une infrastructure sanitaire en dessous du minimum vital, sous perfusion alimentaire, avec une prison surchargée, et des collines dévastées par le feu. À certaines périodes des dizaines de milliers de réfugiés s'y retrouvent totalement coupés du monde. « À Ruyigi, il est plus long de dire ce qu'il n'y a pas que ce qu'il y a, tellement il n'y a rien », dit-on.

La région est l'une des plus touchées du pays par la guerre civile. Les positions arrière des rebelles burundais en Tanzanie les obligent à passer presque systématiquement autour de Ruyigi où les dégâts sont gigantesques : femmes violées, morts par centaines, écoles détruites, centre de santé pillé, villages dévastés. C'est toute la population civile qui est prise en otage. Il arrive que la Maison Shalom distribue ses stocks de nourriture destinés aux orphelins, en attendant ceux des organisations humanitaires qui ne peuvent rejoindre les « zones rouges » trop risquées dans la région. Le centre de Ruyigi est parfois la cible d'obus qui ravagent les habitations, notamment la résidence de Médecins sans frontières. Un soir, la pharmacie est dévalisée juste avant le couvre-feu. Les bâtiments de la Maison Shalom sont épargnés.

D'une manière générale, la rébellion a presque toujours respecté le travail de Maggy. En 2001, ils brûlent tout de même une des trois voitures de la Maison Shalom. Ce jour-là, sept enfants se rendent à l'hôpital pour être soignés. Les rebelles les arrêtent, prennent l'argent destiné aux médicaments et aux soins, boivent le lait prévu pour les plus malades, et incendient le véhicule. Une agression directe qui reste exceptionnelle, même si Maggy elle aussi affronte leur violence, en mai 2002, sur la route de Cankuzo. Les assaillants stoppent la voiture, braquent leurs armes et demandent à Maggy de sortir et de s'agenouiller. Elle leur répond avec colère qu'elle ne s'agenouille que devant Dieu. Ils finissent par la laisser passer. Elle n'a jamais cédé à leur pression pour lui faire prendre la carte du parti. Tout le personnel de la Maison Shalom a, un jour ou l'autre, été confronté à une attaque obligeant chacun à faire demi-tour au cours d'une mission.

Jusqu'en 2004, l'insécurité reste, en effet, le problème majeur du pays. Chaque rendez-vous vers la paix est précédé de combats meurtriers entre les différents partis, chacun souhaitant arriver en force à la table des négociations. L'appartenance ethnique n'est plus le seul enjeu des affrontements. Les rivalités politiques, les trahisons, les représailles, les suspicions ou la misère mettent à mal les espoirs de paix. Livrés à eux-mêmes, certains jeunes se trouvent impliqués dans les conflits plus par désorientation que par conviction. L'un d'entre eux rencontre Maggy en 2000. Il fait alors partie des milices « sans échec ». « Il avait une arme, il tremblait. Je lui ai dit : "Tu ne peux pas devenir un assassin, ceux qui t'ont donné une arme t'exploitent parce que tu es orphelin. Je ne t'en veux pas parce que tu as été trompé. Viens chez moi. Je t'inscrirai à l'école, tu apprendras un métier plus noble." » Des années plus tard, le jeune homme raconte : « J'ai rencontré cette dame apparemment simple et vraiment humble devant la croyance divine et on a commencé à discuter de ma vie. J'étais dans une période très critique. Je venais juste de perdre mes parents, je venais aussi d'abandonner mes études. Je rencontrais d'autres jeunes qui n'avaient rien à faire, on passait notre temps à causer, à parler de la situation, à trafiquer des armes pour se protéger ou se procurer ce dont on avait envie. La première aide qu'offre cette mère c'est l'aide morale. Elle a commencé à me montrer comment et combien de fois la vie est faite de réalités très complexes, qu'il faut toujours lutter, combattre jusqu'au bout. La patronne travaille jour et nuit pour que ses enfants rescapés vivent à l'aise. Cette noble mission qui dépasse l'imagination la rend heureuse et courageuse. »

En 2000, par souci de sécurité, pour protéger ses enfants, Maggy décide de fermer la Casa della pace à Butezi. La tension est extrême. Parfois Maggy pleure au téléphone et avoue qu'elle n'y comprend rien. Mais son combat pour les enfants la tient debout. Jouer, aller à l'école, fêter les anniversaires, au milieu de la guerre civile : Maggy s'acharne à préserver leur part d'enfance.

À la Maison Shalom, le placement des enfants dans les maisons-ménages a permis d'en accueillir davantage au siège. L'activité se développe, mais le nombre d'orphelins augmente sans cesse. Et pour Maggy, les enfants n'attendent pas. La Maison Shalom décide alors de prendre son autonomie et, en 2001, devient une ONG burundaise, apolitique et non confessionnelle. Plus précisément une ASBL, association sans but lucratif, comme le permet la loi de 1992, la liberté d'association étant en effet très récente au Burundi.

L'assemblée générale est composée d'anciens enfants de la Maison Shalom devenus autonomes. Dans les statuts de l'association, priorité est donnée à l'encadrement, l'éducation et la réinsertion des orphelins, quel que soit le motif de leur situation : la guerre, le sida... La Maison Shalom, devenue ONG, bénéficie alors d'une recrue précieuse : Marie-Lucie. Cette mère de quatre enfants a été expert-comptable pendant vingt ans dans une entreprise de café financée par le FED (Fonds européen pour le développement) et la Banque mondiale. « Un cadeau de la Providence, s'exclame Maggy. Ma très vieille amie Marie-Lucie est revenue ! Elle m'a aidée depuis le début. C'est elle qui m'a offert le terrain pour construire la maison d'hôtes, sans compter ce qu'elle me donnait sur son salaire chaque mois. Puis elle est venue m'épauler pour la comptabilité. Elle y a consacré toutes ses soirées et ses fins de semaine. Finalement, elle a fini par déménager à Ruyigi pour se consacrer totalement à la Maison Shalom. Quelle joie de l'avoir à mes côtés ! Nos caractères sont opposés : je suis une aventurière, elle me tempère. Moi je n'ai pas peur de m'endetter, mais elle, elle réfléchit à long terme avant d'engager l'argent des enfants. » Aussi têtue qu'efficace, elle inspire confiance aux enfants et aux partenaires de la Maison Shalom. On l'a surnommée « Pièce justificative » !

Sa rigueur et ses connaissances permettent de gérer utilement le patrimoine naissant, aussi bien en ce qui concerne les activités d'autofinancement que la juste répartition entre les orphelins. « Comme n'importe quel parent, explique Maggy, je veux donner le maximum de chances aux enfants dans leur vie. »

Un postulat qui lui attire rapidement des jalousies. « Au début, je voulais que les enfants de la Maison Shalom soient toujours bien habillés, bien chaussés, toujours propres, mais j'ai vite compris mon erreur. Mes enfants ont été montrés du doigt. J'ai même entendu des petits Burundais dire à leurs parents : "Quand est-ce que vous allez mourir pour que je puisse aller chez Maggy ?" C'était le monde à l'envers ! Dans toutes les sociétés, il existe des différences matérielles, mais il faut faire attention à ne pas être trop arrogant tout en se respectant soi-même. Beaucoup se sont trompés sur le sens de la pauvreté dans la religion. Dieu ne veut pas la misère. On ne doit pas s'en contenter, on ne doit pas être un peuple d'assistés. »

Prenant conscience des risques de jalousie, elle veille toujours à l'équité, refusant de favoriser les uns au détriment des autres, intégrant systématiquement dans chaque projet les personnes du voisinage. « Si vous aidez les orphelins sans partager, alors vous créez des frustrations et un nouveau conflit. J'ai reçu des dons de toute l'Europe, et pourtant les Européens ne sont pas mes cousins ! Comment ne pas partager toute cette gratuité si généreuse de Dieu ? Ma cuisine est ouverte à tous, parce que ma cuisine n'est pas ma cuisine. Bien sûr il faut veiller à ce que les aides aillent bien aux plus démunis et non aux plus habiles ou aux plus rusés. La maison est ouverte à ceux qui en ont le plus besoin. Si vous installez l'eau quelque part, il est évident qu'il faut en faire profiter tout le monde. Il est nécessaire d'être attentif à l'autre, à ses besoins, et de toujours agir selon ce qui peut l'élever. »

Forte de ses nouveaux statuts, d'une comptabilité rigoureuse et transparente, la Maison Shalom va se doter de nouveaux moyens pour améliorer ses capacités d'action, visant particulièrement à les inscrire dans la durée. Les partenaires s'engagent sur des programmes plus longs. L'État apporte lui aussi sa contribution en exonérant la Maison Shalom de toutes les taxes y compris sur les produits importés. L'obtention de prix internationaux suscite des fonds imprévus qui permettent le lancement de programmes en faveur des plus défavorisés.

Mais les débuts de l'ONG Maison Shalom sont

ralentis par les incessants va-et-vient entre Ruyigi et Bujumbura pour aller à la banque ! Il n'y a pas d'agence à Ruyigi. Les entreprises bancaires ont bien songé à s'y installer mais n'ont trouvé personne pour s'engager dans la construction d'un bâtiment. Quand Maggy tente de relancer le projet, ses interlocuteurs lui rient au nez : « Pourquoi irions-nous à Ruyigi ? Pour quels clients ? Votre région est l'une des plus pauvres et des plus dangereuses du pays. » Une banque accepte finalement de s'engager à condition que Maggy lui fournisse les locaux. Elle décide de les construire. La Maison Shalom emprunte l'argent nécessaire à un taux exorbitant (21 % par an), mais habituel au Burundi. Fort heureusement, en juin 2000, le prix international d'Eistät, assorti d'un don, permet à la Maison Shalom de rembourser sa dette.

Des histoires de renaissance à la vie, de sauvetage, d'espérance, il y en a tant.

Un jour, un homme signale à Maggy des petites jumelles abandonnées dans la brousse. Elles viennent à peine de naître, dit-il, leur mère a disparu. Maggy reconstitue progressivement le puzzle de leur histoire. Domestique dans une maison depuis l'âge de onze ans, la mère s'est fait violer à dix-huit. Seule, elle est allée mettre ses petites filles au monde dans la brousse puis s'est sauvée chez son frère. Maggy la retrouve en prison où elle doit être jugée pour tentative d'infanticide. Elle risque une peine de vingt-cinq ans de réclusion. Maggy intervient. On lui soutient que la femme est une criminelle. Elle rétorque aux accusateurs : « Et vous, qu'avez-vous fait le 24 octobre à l'évêché ? Je l'emmène, elle sera en liberté provisoire à la Maison Shalom. » La jeune femme rejoindra la Maison Shalom pour s'occuper de ses deux petites filles et deviendra éducatrice.

Modeste, elle, a neuf ans lorsqu'elle arrive à la Maison Shalom en 1998. Elle en paraît à peine six. La représentante d'une ONG américaine l'a conduite jusqu'à Maggy avec une dizaine d'autres enfants de tous âges. Les plus petits sont couchés dans des boîtes en carton, recroquevillés sur eux-mêmes, à l'agonie. « Ils étaient presque nus, affamés, la voiture ne s'était même pas arrêtée pour les habiller ni les nourrir. La raison est évidente pour Maggy : tous ces orphelins sont des Twas, l'ethnie la plus misérable du pays, méprisée aussi bien par les Hutus que par les Tutsis.

« Les prenez-vous quand même ? » demande la femme. Ce « quand même » révulse Maggy : ainsi donc ces petits ne seraient même pas « récupérables » aux yeux d'un responsable humanitaire ?

« Même s'ils étaient américains, hollandais, ou belges... je les prendrais », répond-elle.

Dix minutes plus tard, la voiture repart. Les enfants n'ont aucun papier, et les quelques indications qui ont été transmises sur leur identité se révéleront fausses lors de la recherche familiale. Modeste a reçu neuf coups de machette à la tête et ses mains sont abîmées au point qu'elle ne peut même plus s'en servir. Sans savoir encore comment elle va pouvoir soigner l'enfant, Maggy l'accueille et fait confiance à la Providence. À juste titre. Thierry

Nutchey vient d'arriver au Burundi pour faire un reportage. Ce cinéaste de quarante-cinq ans, autodidacte, connaît bien l'Afrique où il a séjourné plusieurs fois entre 1979 et 1984. Il reviendra en 1999 pour une série de documentaires sur le Burundi. Puis de nouveau en 2000 pour un film plus long, entièrement consacré au travail de Maggy. C'est à cette occasion qu'il filme Modeste. *L'Armée des anges* est diffusé à la télévision en Italie. Une femme bouleversée se met en tête de sauver l'enfant. Modeste s'envole pour l'Europe.

« Je voudrais que, l'un après l'autre, les enfants se posent cette question, dit Maggy. "Moi, Modeste, Dieudonné, Gloriose, Bosco ou Chloé, que puis-je pour mon pays ?" Et que leur réponse soit : "Premièrement devenir moi-même." Autrement, c'est la médiocrité. »

Arriver à faire découvrir à chacun sa responsabilité, sa tâche, aider chacun à se connaître et à prendre conscience, telles sont les lignes directrices de son action. « Je voudrais pour chacun l'éveil de soi. » Un éveil qui passe par la connaissance de l'autre et du monde. Thierry Nutchey, qui a joué un rôle si important dans le sauvetage de Modeste, aura aussi une part essentielle dans ce travail de reconstruction humaine.

Lorsqu'elle passe à Paris, Maggy le retrouve régulièrement. Un soir, il l'emmène voir le film de Wong Kar-wai *In the mood for love.* Maggy n'a pas mis les pieds dans une salle de cinéma depuis quinze ans. Elle en sort éblouie et commence à rêver en blaguant : elle imagine la chance des enfants de Ruyigi s'ils pouvaient voir autre chose que la guerre, le sida, la désolation. Un cinéma ? Ils évoquent l'idée comme un rêve, une folie, mais ni l'un ni l'autre n'y pensent sérieusement. Il n'y a qu'une seule salle au Burundi et elle se trouve à Bujumbura.

Quelques semaines passent. Maggy est repartie dans son pays, Thierry continue sa route. Mais l'idée fait son chemin en chacun d'eux. « Un être, dit Maggy, ce n'est pas seulement un corps mais aussi un esprit. La qualité de nos rêves est tellement importante ! Le Burundi est un pays enclavé et en guerre, Ruyigi est enclavée dans le Burundi. Imaginez-vous ? Offrir des images aux enfants, qu'ils découvrent ce que vit leur voisin. » Un soir, Thierry l'appelle au Burundi : « On le fait », lui dit-il. À partir de 2001, une incroyable aventure commence.

« J'ai créé une association à Paris, Le Cinéma des anges, raconte Thierry Nutchey. Puis je me suis tourné vers mon milieu, les producteurs, les organismes. J'ai frappé à toutes les portes. Le CNC (Centre national de cinématographie) et la Fondation de France nous ont soutenus. Plusieurs sociétés ont fourni du matériel. Cela n'a pas été sans peine. Des désillusions mais aussi de bonnes surprises ont compensé la mesquinerie que j'ai pu rencontrer à Bujumbura ou ailleurs, de la part de certains privilégiés qui nous ont dit : "Un cinéma à Ruyigi, c'est bien trop beau !" Pour Maggy, ce cinéma couronnait l'ensemble de son travail en faveur des enfants. Elle avait compris que régler les problèmes de soins et de nourriture ne suffisait pas. Encore moins à Ruyigi qu'ailleurs où les enfants sont pris entre l'armée et les rebelles. Ils n'ont rien d'autre comme modèle, et à la maison ils ont faim. Je salue l'œuvre de Maggy, la lecture particulièrement lucide qu'elle a eue de la situation burundaise. C'est la seule qui a osé regarder plus loin, la seule qui s'est permis de construire un cinéma sous les bombes parce qu'elle sait depuis longtemps que le droit au rêve, le droit à la culture est absolument essentiel. C'est aussi sur cet aspect du projet que l'Unicef nous a suivis. Il ne suffit pas de fournir un toit, des vêtements et de la nourriture à un enfant. Il faut aussi nourrir son esprit et son cœur. C'est toute l'intelligence de Maggy de l'avoir compris. »

De son côté, la Maison Shalom obtient des fonds de la part de l'Unicef et de la Caritas allemande. L'ambassade d'Allemagne donne aussi de l'argent et fournit des matériaux de construction.

Maggy achète un terrain au centre de Ruyigi où s'élèvent les ruines d'un hôtel autrefois pillé et détruit avant même d'avoir ouvert ses portes. C'est à deux pas du marché et tout près d'un camp de l'armée. La situation géographique semble favorable. Le terrain est rempli de ronces, le chantier est énorme : deux ans de travail et de nombreuses démarches.

Dans la nuit du 16 au 17 avril 2002, la veille de l'inauguration, des bombardements détruisent les pylônes électriques alentour. Le matin, un orage éclate. Mais pas question de se décourager. Sous des trombes d'eau, le cinéma est inauguré et tout le monde attend avec impatience le retour du courant qui ne sera rétabli que quarante-huit heures plus tard. Le premier film est pour les enfants : *Kirikou et la sorcière* de Michel Ocelot est projeté sur grand écran. Suivent *Roméo et Juliette* de Baz Luhrmann et *Little Sénégal* de Rachid Bouchareb. À chaque fois, le cinéma fait salle comble.

« On a parlé de cinéma humanitaire, de cinéma thérapeutique, oui, tout cela compte, explique Thierry. On aurait pu leur projeter des films sur Gandhi par exemple, des films qui proposent une réflexion sur les sens de la paix et de l'espérance. Mais quand j'ai interrogé les enfants sur place, j'ai bien senti qu'il fallait une dimension supplémentaire, plus subtile. Une poignée d'entre eux, parmi les grands, étaient déjà allés au cinéma. Ils avaient vu *Roméo et Juliette* à Bujumbura. Ils avaient reconnu dans les Capulet et les Montaigu les Hutus et les Tutsis. Un véritable message était passé. La haine entre les familles n'était pas nécessairement destinée à se perpétuer, et l'amour entre un homme et une femme était de l'ordre du possible. Et c'est ce film-là qu'ils me demandaient. »

Dans un pays où le rapport amoureux est quasi inexistant, où les relations entre hommes et femmes sont archaïques, le souhait des jeunes était déjà en lui-même porteur d'espoir.

« Dans notre culture, explique Maggy, l'homme arrive à la maison sans dire bonjour, et les femmes trouvent cela normal ! J'ai envie de les bousculer : "Pourquoi, mon oncle, rentres-tu fâché dans ta maison ? Pourquoi ne t'ai-je jamais entendu appeler ta femme chérie ?" L'homme se montre très gentil, aimable avec ses copains au bar, et dès qu'il rentre chez lui, il change du tout au tout. C'est un mal culturel. Je voudrais que les gens soient plus tendres entre eux mais ce n'est pas facile quand il n'y aucun espace d'intimité. » Maggy rêve pour ses enfants d'une vie d'adulte épanouie, complète. Lorsqu'une fille lui dit : « Je ne me marierai pas pour faire comme toi », elle se fâche. « Je ne suis pas un modèle, à quoi cela sert qu'elle réalise mes rêves, ce sont ses propres rêves qu'elle doit réaliser et il n'y a qu'un guide pour ça, c'est son cœur. Être heureux en ménage est tellement important. Les chagrins d'amour font de véritables ravages. La frustration réveille des violences terribles, qu'elles se jouent à l'intérieur ou à l'extérieur de la maison. Les violences conjugales sont encore un sujet tabou chez nous et elles sont exercées aussi bien par les hommes que par les femmes. » Maggy ne s'est pas mariée. « Je crois que certains choix ne s'expliquent pas au moment où on les fait. Ils trouvent leur signification plus tard, lorsqu'on a davantage de distance, que l'on porte un regard plus ample sur la vie qui permet d'en comprendre la cohérence. Aujourd'hui, mon célibat correspond à mon désir d'être entièrement au service de ma mission. »

Le Cinéma des anges se transforme parfois en théâtre où les enfants mettent en scène des petites histoires de la vie quotidienne pour mieux en dénoncer, par le rire, l'absurdité ou l'angoisse. « Je rêve, dit Maggy, que nous arrivions à montrer tous les travers de la société burundaise, sur le mode de l'humour. » Le sida est aussi un des thèmes forts abordés au théâtre grâce à l'implication et au dévouement de Gentil. Il a vingt ans, ses parents sont morts du sida ; lui-même atteint de la maladie a choisi de consacrer sa vie à l'information et à la prévention. Il écrit les textes qu'il met en scène avec une vingtaine d'amis de son âge. « Maggy me donne l'attention et les soins d'une maman. Pour l'instant je vais bien. Je mets en scène ce que j'ai sur le cœur. Je veux avertir les autres pour qu'ils évitent les mauvais comportements. Je veux les empêcher de mourir du sida. »

Maggy a toujours aimé le théâtre et retrouve là une passion de jeunesse. Ses plus anciennes amies se souviennent d'elle à l'époque de ses études. « Maggy était considérée comme notre meilleure actrice dans le répertoire tragique aussi bien que comique. Selon les rôles qu'elle interprétait, elle se voyait affubler de toutes sortes de surnoms : la Parisienne, la Citadine, Muringanira ou Shrakandi, la Marquise... Elle pouvait passer du rôle de la folle à celui de la princesse sans aucune difficulté. Lors des veillées, elle imitait les vieilles femmes de la campagne ou les professeurs et tout le monde éclatait de rire. » Aujourd'hui encore, il lui arrive de tenir un petit rôle dans la distribution.

Le théâtre fait régulièrement salle comble avec les représentations de Gentil. De temps en temps, la troupe se produit en dehors de la région de Ruyigi, dans différentes provinces du Burundi.

Le Cinéma des anges devient progressivement le cœur d'une structure plus vaste, qui prend le nom de Cité des anges. Un atelier informatique y ouvre ses portes, l'@telier des anges, qui vise à ouvrir une nouvelle fenêtre sur le monde pour les jeunes de Ruyigi. Pour l'instant, il fonctionne avec quelques vieux ordinateurs qui permettent une utilisation des logiciels de base mais ne dispose pas de connexion Internet ni d'ordinateurs puissants pour l'apprentissage et l'utilisation des multimédias. Un jeune est parti en stage de formation en France, à Marne-la-Vallée, dans un IUT où enseigne une amie de la Maison Shalom. Il est revenu avec des CD-rom créés par les étudiants français pour tâcher d'initier les jeunes Burundais, mais on ne s'improvise pas pédagogue du jour au lendemain et le manque de matériel fait cruellement défaut. Maggy ne sait pas encore comment financer une antenne satellite et l'achat d'ordinateurs *ad hoc*, mais elle y croit. L'enjeu est en effet de taille pour des jeunes qui ont grandi dans un pays en guerre, enclavé, où le manque d'ouverture, de communication et de créativité ont été des facteurs aggravants, l'initiative personnelle n'ayant jamais été valorisée.

L'@telier des anges gère aussi le journal des enfants de la Maison Shalom. Un concours vient d'être organisé pour trouver un titre à ce huit pages où chacun est invité à écrire. Si au Burundi tout le monde a entendu parler de Maggy, l'action de la Maison Shalom dans les collines est moins connue. Le journal permettra ainsi de la faire rayonner davantage et donnera l'occasion d'un apprentissage du traitement de texte.

Mais la Cité des anges, c'est aussi une bibliothèque, une salle de réception, une boutique d'artisanat, un salon de coiffure, un atelier de couture, et une piscine. Autant de façons de soigner les traumatismes des enfants et de leur ouvrir une porte vers l'ailleurs.

Chapitre 11

L'éducation à la paix

Depuis novembre 2003, la paix a beau s'être officiellement installée, la guerre vit toujours dans les mémoires. C'est parce que Maggy a lutté pendant dix ans pour accueillir cette paix qu'elle est peut-être en mesure d'en permettre la floraison inespérée. Elle n'a jamais cessé d'y croire : non pas à la manière d'une grâce qui se poserait sur le pays, du jour au lendemain, mais comme un travail à accomplir chaque jour pour aider une nouvelle génération à émerger. Elle n'est pas dupe des difficultés qui l'attendent ni des nouveaux défis qu'elle devra relever.

« En temps de paix, c'est un autre rythme qu'il faut inventer où chacun doit reconstruire son intimité et sa vie privée. L'évolution des esprits est plus lente que la réparation des blessures physiques ou matérielles. Nous avons dû sauver des êtres, des enfants en danger, lutter pour la survie. Cela ne nous a pas empêchés de vivre. »

La paix, selon Maggy, c'est bien plus que la fin de la guerre et la disparition de toutes ses conséquences catastrophiques : misère, violation des droits de l'homme... La paix, c'est un pays démocratique, responsable et autonome. Maggy estime à plus de vingt ans le temps nécessaire pour en bâtir les fondements. Vingt ans pour améliorer les conditions de vie, faire émerger une économie viable et donner sa place à chacun. Vingt ans pour réparer les blessures profondes et désamorcer la vengeance, pour trouver des solutions efficaces de prévention et de soins contre le sida. Défis qui dépassent largement le cadre de la Maison Shalom mais auxquels elle devra aussi faire face. D'autant que la plupart des aides qui lui ont été octroyées jusqu'ici étaient issues des budgets concernant l'aide d'urgence. « Les guerres, les catastrophes naturelles ont amené les bailleurs de fonds à se doter de structures efficaces pour répondre très rapidement à des situations extrêmes. Il est toujours plus facile de réagir que d'anticiper », analyse Christoph. La transition d'une économie de guerre à une économie de paix n'épargnera pas la Maison Shalom. Maggy le sait, qui organise petit à petit cette mutation nécessaire. « Nous devons sortir grandis d'avoir traversé de telles épreuves. Nous avons été tenus à l'écart d'une certaine modernité et nous devons le prendre comme une chance. Nous avons un terrain favorable pour penser en termes de développement durable, petite économie locale de marché. Nous devons être inventifs. » Face à ses collines qu'elle a connues boisées, elle se prend à rêver : « Il suffirait que chaque enfant de la Maison Shalom se voie confier cinq arbres qu'il planterait et prendrait en charge, et les collines seraient de nouveau vertes... »

En mai 2004, le siège de la Maison Shalom est transféré en plein centre de Ruyigi. Un chantier de trois hectares est en cours dans lequel Maggy a programmé un certain nombre de structures permettant de parer aux urgences. Deux grands *homes* accueillent les personnes vulnérables, de passage à Ruyigi, ainsi que ceux qui accompagnent un parent à l'hôpital ou rejeté par sa famille en raison de sa maladie. Un verger et un potager assurent une partie de la subsistance de la maison mère. Un lieu de recueillement multiconfessionnel jouxtant l'hôpital sera bientôt accessible aux malades de ce dernier. Des garages, des entrepôts pour les stocks et les bureaux du personnel assureront à l'ensemble une cohérence pour l'avenir.

À Rutana et à Cankuzo, deux antennes de la Maison Shalom ont ouvert leurs portes avec dix salariés chacune. Assistantes sociales, psychologue et infirmières se relaient auprès de la population et apportent leur soutien aux initiatives locales. À Cankuzo, une association pour handicapés a vu le jour, créant un véritable réseau d'entraide. Maggy ne cache pas son enthousiasme : « C'est beau, ils se sont organisés tout seuls, ils ont juste eu besoin d'un petit coup de pouce. » Mise à disposition d'un atelier, salaire de l'éducatrice, achat de matériel pour les activités, machines à coudre, la Maison Shalom participe à tout. Cinquante personnes bénéficient de ce soutien.

À Ruyigi, le staff se réunit désormais tous les matins à 9 heures. Huit à dix personnes se retrouvent quotidiennement selon l'ordre du jour : le suivi des enfants, l'arrivée des nouveaux, la planification des missions, la coordination avec les nouvelles antennes de la Maison Shalom et l'étude des problèmes en cours – vol d'un grand nombre de pommes de terre germées, mauvaise gestion des poubelles du bar de Nyamutobo...

Cent vingt personnes animent maintenant le réseau de la Maison Shalom. Avec son travail au BDD, grâce à la rigueur de Marie-Lucie, Maggy a acquis un savoir-faire pour la gestion des projets. Le rapport investissement/résultats de la Maison Shalom est totalement optimisé comme peuvent le constater les bailleurs de fonds. Les gages de confiance fournis dans la transparence sont indispensables compte tenu du caractère atypique de Maggy. « Le temps de finir d'analyser un dossier, dit Christoph, et elle vous rappelle pour réajuster les chiffres. C'est infernal, mais c'est beau d'être ainsi bousculé. »

Quel que soit son interlocuteur, elle parle comme elle l'entend, avec un entêtement que certains redoutent. Combien de budgets accordés sont dus à l'exaspération de ses interlocuteurs ? En temps de guerre, cette rage a fait des miracles – « Quand on voit ce qu'une femme est capable de faire pour tant d'enfants, l'Afrique n'est pas perdue », a déclaré Kofi Annan, le secrétaire général des Nations unies. Mais en temps de paix les interlocuteurs ne sont plus les mêmes, les programmes d'urgence se transforment, la sécurité permet et implique une planification à plus long terme. Si Maggy est prête à s'adapter aux circonstances, elle n'oublie jamais qu'il s'agit avant tout de vies et n'hésite pas à s'emporter face à la mondialisation de programmes humanitaires : « Comment voulez-vous que je sache combien d'enfants il me faudra accueillir ? Croyez-vous que je vais refuser un enfant parce que le nombre aura dépassé le plan ? Les hommes ne sont pas des statistiques ! Dans vos indicateurs, il manque le mot cœur. »

Elle ne supporte pas non plus la « réunionite » qui s'empare trop souvent des organismes sociaux et humanitaires. À l'occasion d'un séminaire sur les enfants des rues dans un hôtel de Bujumbura, elle s'éclipse un moment et revient accompagnée d'enfants errants à qui elle offre de partager le cocktail. Cette audace ne plaît pas à tout le monde.

D'autant qu'elle n'hésite pas à dénoncer la démesure des chiffres, l'incohérence des politiques internationales qui plongent dans l'inhumanité des millions de personnes. « Lors d'une réunion, les chiffres de la Banque mondiale à propos du Burundi ont été énoncés froidement : 1 % de riches, 7 % de non-pauvres, 40 % de pauvres, 52 % d'extrêmement pauvres ! Mais je ne me fatiguerai jamais de fatiguer ceux qui ont les moyens pour qu'ils me les donnent. Lorsque je vais en Europe et que je rentre, je vois les enfants et je sais que ça vaut la peine de se fatiguer. »

Petit à petit, les enfants sont devenus des hommes et des femmes, ces dernières ayant, selon Maggy, une grande responsabilité dans la paix. « Chaque fois qu'on assassine, on assassine le fruit de leurs entrailles. La femme protège la vie au Burundi, c'est elle qui est responsable de la famille et éduque les enfants. La femme a été créée pour porter la vie, la protéger et l'embellir. »

Le rythme des naissances reste toujours aussi élevé. La croissance démographique, problématique avant la guerre, l'est encore aujourd'hui. La surpopulation des collines a même été analysée comme un facteur exacerbant les conflits. Le pays souffre paradoxalement de surnatalité et de surmortalité. Le taux de mortalité infantile, de 19 %, est l'un des plus élevés au monde. Entre la guerre et le sida, des fratries de huit enfants peuvent disparaître totalement avant d'atteindre l'âge adulte. Traditionnellement, un enfant doit honorer la mémoire de ses géniteurs, garantissant aux défunts la tranquillité de leur âme. Du coup les parents, angoissés par la disparition de leur descendance avant eux, procréent davantage. « La meilleure façon de réduire les naissances est l'amélioration des conditions de vie. Si les femmes étaient sûres de voir grandir leurs enfants, elles seraient heureuses d'en avoir seulement deux ou trois. Cela leur permettrait de leur accorder une plus grande attention. Ici, les enfants poussent comme de l'herbe sauvage. Les femmes sont ouvertes à cette évolution des mentalités. Ce sont elles qui portent l'enfant et risquent leur vie en accouchant. »

Au Burundi, seulement 30 % des femmes accouchent dans un contexte médicalisé, 25 % avec une sage-femme et 45 % en famille. Une femme sur douze risque de mourir en couches.

Une maman n'a pas résisté à l'accouchement de sa petite fille. Le bébé n'a pas vingt-quatre heures et son père tremble en la tenant dans ses bras. Avec sa mère, il est venu de Gitega en espérant trouver de l'aide à la Maison Shalom. L'accouchement a eu lieu à domicile, dans de mauvaises conditions, la famille habitant trop loin de l'hôpital le plus proche. La jeune femme est morte tandis qu'on l'y conduisait au dernier moment. C'était son premier enfant. La petite a reçu un peu de lait de vache, mais personne ne peut s'en occuper et le papa est désemparé. Maggy pose sur ce tout jeune homme un regard rempli de compassion. C'est elle qui proposera le prénom de Christel, son père n'ayant même pas encore eu l'idée de la nommer. L'enfant semble en bonne santé. En arrivant à la Maison Shalom, elle a été habillée et nourrie. Bibi a enregistré son dossier, mais ne peut s'empêcher d'être révoltée. « C'est vraiment trop injuste, quand on voit ce bébé, c'est évident que la mère était en bonne santé ! Comment peut-on encore mourir de donner la vie ! »

La Maison Shalom a décidé de garder Christel jusqu'à l'âge de deux ans. Les grands-parents et le père, de l'ethnie des Twas, ont promis de lui rendre visite aussi souvent que possible.

Des expériences parfois douloureuses où les enfants ne recevaient pas les soins indispensables ont décidé la Maison Shalom à prendre en charge les nourrissons. « En cas du décès de la mère, nous pensions au départ qu'il était préférable de laisser le bébé à la famille, proche du papa, avec des femmes à proximité susceptibles de fournir du lait. Mais les conditions sanitaires sont telles que cela met en danger la vie du bébé. »

Depuis le déménagement de la Maison Shalom en mai 2004, les éducatrices et leurs bébés se sont répartis dans les villages au milieu des autres fratries. En opposition avec une partie de son équipe,

Maggy en a décidé ainsi. « C'est moins rationnel pour le suivi, mais tellement plus humain. » Bibi a fini par reconnaître que les bébés allaient mieux et tombaient moins souvent malades. Chaque éducatrice arrange sa maison comme elle l'entend pour y élever les trois ou quatre bébés dont elle a la charge, une façon de les responsabiliser et de les préparer à leur vie de future maman.

Aussi, ayant constaté la vulnérabilité de la famille de Christel, celle-ci sera placée dans le village de Rutimbara, à trois kilomètres du centre, sur la route menant à Gitega. L'éducatrice est très énergique, la petite y sera bien. Cette femme de vingt-deux ans a en charge trois nourrissons et partage sa maison avec une autre éducatrice qui prend soin de trois bébés, soit six enfants en tout. Bien sûr, il n'y a pas de couches... Les éducatrices passent une bonne partie de la journée à faire la lessive.

Bibi vient prendre des nouvelles des bébés, elle s'assoit, regarde les nourrissons, de la même façon qu'elle passait dans la maison où vivait Maggy autrefois. Elle aussi vit maintenant dans une maison individuelle avec ses sept enfants. Les cinq dont elle avait perdu la trace au Zaïre, depuis 1997, sont revenus les uns après les autres. Ils vivent enfin réunis à Ruyigi où elle a accueilli deux autres enfants, dont le petit Dieudonné. « Il possède une énergie incroyable, il est le plus jeune à faire du tambour. Il aime se produire dès qu'il en a l'occasion. C'est un garçon différent, d'une vitalité extraordinaire. »

Tout comme Bibi, Justine a spontanément pris elle aussi trois enfants chez elle en plus de ses frères et sœurs, issus de sa famille éloignée. Dans une autre maison, en plus de sa mère handicapée et de ses trois enfants, une jeune femme a choisi d'en accueillir quatorze autres. Cette fille unique a passé son enfance dans les rues de Ruyigi à mendier puis s'est prostituée. Aujourd'hui elle a tourné la page. À la Maison Shalom où elle travaille, elle se considère comme l'aînée des enfants des rues.

Cette méthode de réinsertion est recommandée par l'Unicef comme la plus efficace alors que le nombre d'orphelins ne cesse d'augmenter – au Burundi, ils étaient sept cent mille en 2004.

La Maison Shalom a fini par retrouver la famille de Modeste qui, après avoir été déposée chez Maggy, a été soignée et adoptée en Italie. Sa mère est morte mais son père, ses frères et sœurs sont vivants. En août 2004, Modeste est donc revenue d'Italie pour l'été. Après des années de séparation, pour la première fois, elle a pu embrasser les siens. Elle souhaite passer quelques jours avec eux. Maggy autorisera une nuit, par prudence.

En marchant à travers les champs de blé, les eucalyptus et les bananiers, à quoi pense cette jeune fille de quinze ans qui vit maintenant en Italie ? À quoi pense-t-elle en apercevant la forêt de la Kibira où elle a sauté sur une mine en 1993 ? Elle n'était qu'une petite fille alors, qui allait chercher du bois. À cause de ses blessures la famille était partie pour la petite ville de Bubanza afin de l'hospitaliser. Son grand frère l'a portée sur son dos pour traverser toute la forêt. Elle a été soignée. Mais cinq ans plus tard, en 1998, lors d'une attaque, elle a été blessée à coups de machette à la tête, aux bras et aux mains.

Modeste étreint son père, ses sœurs, ses voisins, devant la hutte de paille où elle pénètre pour y installer ses affaires. Ce sont peut-être ses gestes anciens de petite fille qu'elle retrouve devant le foyer fait de trois pierres rassemblées. Là, deux, trois nattes, quelques bidons, pas de fenêtre ni de cheminée. La fumée s'échappe tant bien que mal à travers la paille. Le premier point d'eau est à deux kilomètres. Son père a commencé à construire une maison en brique.

Modeste retrouve la lumière de la bananeraie où elle a grandi, la terre familiale où la lignée a vécu. Elle est remplie de joie. « Comme elle est belle maintenant ! s'exclame Maggy admirative. Elle chante, elle est aimable, elle a appris l'italien ! Après quatre ans passés en Europe, elle a un peu oublié le kirundi... Elle veut faire une école d'infirmière. Ses mains la tourmentent encore, mais elle pourra surmonter son handicap. Une fois qu'elle aura fini ses études, elle voudrait revenir au Burundi pour s'occuper d'un centre de santé dans les collines où vivent les Twas. »

Une attention particulière est aussi prodiguée à la rééducation des jeunes enfants soldats au passé difficile, enrôlés dans la guerre dès leur plus jeune âge. En 2004, ils étaient estimés à sept mille. « Ils ont été privés de la première tendresse. Ils ont beaucoup plus de besoins que d'autres jeunes. La principale difficulté les concernant, c'est leur perte de confiance vis-à-vis des adultes. Si nous ne soignons pas ces enfants, ils représentent une véritable bombe à retardement. Mais le regard peut guérir. Je ne les regarde pas comme des enfants criminels. On peut les aider en leur donnant des responsabilités qui les rendent autonomes. »

C'est ce que vise le projet de garage subventionné par la coopération du Luxembourg sur trois ans. Le garage a été voulu pour eux en priorité afin qu'ils puissent suivre un apprentissage adapté à leur situation. Certains n'ont jamais mis les pieds à l'école et ne peuvent, dans ces conditions, intégrer le système éducatif classique. Installé à côté de la Cité des anges sur la place du marché central de Ruyigi, le garage, avec ses deux pompes à essence, propose des petits services à la clientèle. Le matériel de Jean-Pierre vient efficacement compléter le programme initial prévu. En effet, cet ancien garagiste de Châlons, dans l'est de la France, à la retraite depuis trois ans, a décidé de donner tout son ancien garage à la Maison Shalom. L'idée lui en est venue à la suite de longues années de bénévolat où il a rarement pu mesurer de façon aussi immédiate les conséquences de son action. Jean-Pierre a un excellent contact avec les jeunes à qui il est heureux de transmettre son savoir. Ils l'apellent *mutama*, le vieux sage. Venu en août 2004 et en avril 2005 au Burundi, il a participé à la mise en place des cours théoriques et pratiques. Il reviendra à Ruyigi, c'est certain. En attendant, il suit l'évolution du projet depuis la France et se démène pour trouver bicyclettes, caisses à outils, pièces détachées, automobiles..., afin de remplir un prochain container.

Globalement, en octobre 2004, un an après le cessez-le-feu, la réintégration des ex-combattants dans le tissu social est un véritable défi. Beaucoup d'entre eux patientent encore dans des camps de regroupement[1]. À Karindo, à l'est de Ruyigi, ils sont six mille anciens rebelles à attendre ainsi. Le camp se compose de constructions en bois et en paille très rudimentaires réparties en plusieurs groupes. La population y reçoit un peu de riz, des haricots. La journée est rythmée par des exercices et des travaux collectifs, parfois des jeux ou des activités sportives. Sur la colline d'en face, leurs compatriotes, mais de l'armée burundaise. Autrefois ennemis, ils doivent maintenant apprendre à se côtoyer. En guise de rapprochement, le gouvernement a organisé un tournoi de football entre eux et la population. C'est la seule initiative de ce type de la part du pouvoir officiel. Depuis des mois, les uns comme les autres attendent que l'on décide enfin de leur sort. Certains rejoindront l'armée régulière, d'autres réintégreront la vie sociale. Mais après dix ans de guerre passés dans la brousse à se battre, quelle structure serait capable d'offrir une réintégration réussie ?

La Maison Shalom tâche d'apporter son appui aux plus démunis, et notamment aux... bébés découverts autour du camp ou qui y sont nés. En effet, les anciens rebelles comptent un pourcentage conséquent de filles. Bien que le règlement interdise toute relation sexuelle, certaines d'entre elles se retrouvent enceintes et cachent leur état tant que cela leur est possible. C'est en direction de ces jeunes filles que la Maison Shalom veut développer un

1. Les camps ferment leurs portes au fur et à mesure de la réinsertion sociale.

programme spécifique. Non seulement elles ont vécu la violence de la guerre, mais se sont coupées aussi bien de leur féminité que de leur rôle de protection maternelle. En attendant de pouvoir prendre en charge ces jeunes femmes, la Maison Shalom s'occupe de leurs bébés. Vingt d'entre eux ont été recueillis.

De nombreux programmes nationaux et internationaux tentent d'accompagner l'intégration des ex-combattants dans la vie civile, hommes, femmes ou enfants. Maggy sait qu'il faudra veiller sur ceux ou celles qui n'auront pas réussi cette délicate transition.

Les enfants des rues sont eux aussi toujours assez mal intégrés dans le tissu social. C'est une réalité avec laquelle la Maison Shalom doit compter. « Un jour, raconte Maggy, toute une fratrie me suivait dans les rues de Bujumbura, trois frères de sang âgés de six, neuf et douze ans, mais qui en paraissaient à la fois trois de moins et dix de plus. Ils ne voulaient pas me lâcher. Je ne sais pas comment ils me connaissaient. Ils sont presque entrés de force dans mon véhicule. Ils étaient si sales, véritablement en haillons. Nous avons fait des recherches jusqu'à retrouver leur grand-mère, puis leur mère qui vivait elle aussi dans la rue depuis toujours. Les trois garçons n'avaient jamais connu de maison avant notre rencontre. J'ai proposé à la maman de venir aussi avec eux à Ruyigi, mais elle ne se nourrit que de petits poissons qui n'existent pas là-bas. Alors elle est restée. » Maggy les déclare à l'état civil et les inscrit à l'école. Mais ils ne connaissent pas le kirundi, uniquement le swahili, parlé dans tout l'est de l'Afrique jusqu'au centre de la République démocratique du Congo. Ils bénéficient d'un stock de nourriture, mais ils le vendent et empochent l'argent pour s'acheter des vêtements ou des chaussures. L'assistante sociale responsable du village où ils vivent leur ouvre néanmoins la porte chaque fois qu'ils ont faim. « Quand je la vois, dit Maggy, je pense à ma maman. Elle leur excuse tout. Je lui explique que ce n'est pas leur rendre service mais je vois bien à son sourire qu'elle n'arrivera jamais à les réprimander. Ils participent à la construction de leur maison dans le village de Rutimbura où ils pourront accueillir leur grand-mère. »

Moins exigeante avec les enfants des rues qu'avec d'autres, elle les laisse aller et venir autour de ce point d'ancrage qu'est devenue pour eux la Maison Shalom. Ils savent qu'ils y trouveront toujours un lit, de quoi manger et un encadrement.

« Il faut les responsabiliser même s'ils ont volé. S'ils récidivent, il faut leur laisser le temps de venir vers nous afin de leur faire progressivement comprendre que nous avons autre chose à leur donner que de la nourriture et du savon, qu'il n'est jamais trop tard. Il vaut mieux les laisser se révolter. Je leur dis de s'exprimer. »

Avec la paix, d'autres problèmes surgissent chaque jour auxquels la guerre ne laissait aucune place et qu'elle a, dans tous les cas, aggravés. « Même si la folie a toujours été présente comme dans n'importe quelle société, on assiste aujourd'hui à un phénomène nouveau avec tous ceux qui ont été traumatisés par les massacres. Leur comportement inattendu peut devenir parfois violent dans des situations qui font écho à une épreuve trop dure. Et l'on est très démuni face à cela. »

Plusieurs d'entre eux vivent à la Maison Shalom, dont un jeune gaillard d'une vingtaine d'années, très impressionnant lorsqu'il est en crise. Il devient alors impossible à maîtriser. Plusieurs fois, il a dû être emmené à l'hôpital psychiatrique de Bujumbura, dont il s'échappe pour revenir systématiquement à la Maison Shalom. Il y a aussi cette femme sans âge, très calme, qui vit à la Maison Shalom depuis le mois d'octobre 1993. Elle a même aidé à nourrir les enfants, autrefois, en allant glaner des légumes dans les champs. Elle va et vient, passe et repasse, un morceau de pain entre les mains, monologue tout en montrant son bras immobile sous son pagne sale, ressort, s'assoit devant la porte. Personne ne sait vraiment où elle dort mais elle revient toujours.

Après dix années de guerre civile, un des défis majeurs pour tous est de retrouver le goût de vivre. « C'est la clef de notre avenir pour vaincre tous nos obstacles, insiste Maggy. Dans ce désir de vivre, on peut aussi trouver des forces pour lutter contre la propagation du sida. La mort a été tellement banalisée, c'est tout un travail de réveiller les consciences et d'inviter à des attitudes responsables. » Mais selon les personnes de la Maison Shalom en charge de ce problème, « l'information circule de mieux en mieux, de plus en plus d'associations spécialisées agissent, même à Ruyigi, les comportements sont en train d'évoluer malgré les facteurs culturels et la guerre qui ont favorisé la propagation de la maladie ». À l'information s'associent de nouveaux moyens qui, s'ils sont encore totalement insuffisants, s'avèrent nécessaires pour la restauration de la confiance.

L'accès au test et le secret médical sont des droits fondamentaux qui ont été dans ce domaine maintes fois bafoués. En 1998, le centre de Butezi qui avait fermé ses portes en 1996 est réouvert. Deux ans plus tard, il dispose d'un petit laboratoire permettant de soumettre au test tous les enfants malades sans aller jusqu'à Bujumbura, et ce quels que soient leurs symptômes. Les chiffres sont affligeants : plus de 65 % de ces enfants sont séropositifs. Le sida emporte aujourd'hui tous ceux qui ont été sauvés hier. Ces chiffres rendent plus difficile encore le travail de réinsertion dans les familles. « Nous sommes obligés d'informer la famille d'accueil de l'état de santé de l'enfant, or s'il est atteint du sida, ce dernier risque d'être rejeté ou bien la famille ne pourra pas assurer le minimum de soins nécessaires. »

En 1999, les antirétroviraux ont été agréés par les services de santé nationaux : seules trente personnes pourront alors en bénéficier. Sur les quatre cent mille séropositifs, vingt-cinq mille en auraient pourtant besoin. Des chiffres qui, selon certains, seraient bien en dessous de la réalité. Cependant, l'intégration d'un budget sida à tous les programmes d'aide ou de coopération internationale témoigne d'une prise de conscience de la gravité de la situation. Tous les jours, toutes les radios en parlent. La maladie touche directement ou indirectement tous les domaines de la société. L'éducation, par exemple, en souffre particulièrement du fait de l'absence de professeurs malades ou morts prématurément, faute de soins.

La nouvelle situation du pays entraîne de vraies transformations dans toute la région. De nouveaux programmes d'aide ont vu le jour, issus des agences des Nations unies et des grandes ONG. Un contingent de six mille cinq cents soldats de l'ONU veille au respect des accords signés en 2003. Leur présence diminue les risques de massacres dont les Burundais redoutent l'explosion autour de chaque échéance électorale. Les dates imposées par les accords de paix ont été plusieurs fois repoussées, en 2005.

La plupart des Burundais ne sont pas prêts à faire confiance à cette classe politique qui revient inlassablement au pouvoir en toute impunité. « *Les animaux malades de la peste,* la fable de La Fontaine, voilà comment fonctionne notre pays. On s'incline devant le roi qui a tout dévoré et l'âne qui avoue des choses insignifiantes se voit recevoir l'opprobre général. La démocratie n'est pas une affaire d'élections. Je suis très heureuse cependant de voir que plusieurs personnes courageuses osent prendre la parole. On voit progressivement émerger une véritable société civile. Les radios profitent de leur nouvelle indépendance maintenant que la censure s'exerce surtout en direction de l'extrémisme. Les journalistes traitent des sujets tabous comme le viol ou des sujets de fond qui reflètent notre réalité actuelle. J'ai pleuré l'autre jour en entendant sur les ondes les derniers chiffres du budget du gouvernement. Les frais de voyage de notre président représentent deux fois le budget annuel de la santé publique ! Les gens vont bien finir par comprendre que les taxes peuvent servir à autre chose qu'à ça. J'ai confiance. La société a été au plus bas, elle ne peut qu'évoluer. Mais je sais qu'il faut rester vigilant. Détruire est l'affaire d'une minute, construire le travail de toute une vie. »

En attendant les prochaines élections, les programmes d'aide accueillent les réfugiés burundais de retour de Tanzanie. Plus de quatre cent cinquante mille personnes sont en train de revenir progressivement dans ce pays qu'ils ont quitté parfois depuis dix ans, voire trente. Mille à deux mille réfugiés passent tous les jeudis quelques heures par le camp de Nyabitare, près de la frontière tanzanienne, avant d'être transférés sur leur colline d'origine. Ils sont répertoriés et bénéficient d'un kit de retour : tente, pagnes, couvertures, casseroles, trois mois de nourriture et des semences pour une récolte. C'est ici que Justine travaille, au HCR, pour le suivi des personnes dites vulnérables. Elle discute avec les uns et les autres. Son expérience lui a donné une qualité d'écoute rare et précieuse qui inspire confiance aux réfugiés, à la différence des femmes parachutées depuis la capitale.

Quel Burundi proposer à ceux qui rentrent au pays ? demande Maggy. À la logique du nombre, de la quantité et de l'efficacité, elle a toujours préféré une approche très individualisée, même si elle participe aussi à des opérations de plus grande ampleur, surtout lorsque cela concerne l'éducation. Un an après les accords de paix, un programme vise à favoriser le retour à l'école des enfants. En octobre 2004, la Maison Shalom et son équipe contribuent, sous l'autorité de l'Unicef, à l'organisation d'un grand rassemblement autour de ce thème. Les ministres de l'Éducation et de la Réinsertion, le gouverneur, les représentants de l'ONU se déplacent à Nyabitare où lycée et école viennent d'être reconstruits. Plus de cinq cents enfants assistent à la cérémonie où chacun d'entre eux reçoit un kit scolaire avec des cahiers et des crayons. Des milliers d'autres recevront le même équipement avec des uniformes.

Dans certaines collines au-dessus de Gisuru, la Maison Shalom assure leur distribution. Cinq cents élèves attendent Prime sous le grand arbre de la petite place. De son côté, l'Onub (Office des Nations unies au Burundi) finance un projet de reconstruction de l'école. La Maison Shalom en est l'opérateur comme pour les ponts sur la route qui y mène, des ponts solides qui viendront remplacer ceux en rondins au-dessus des ruisseaux qui limitent l'accès des véhicules à la vallée de Musha.

Maggy n'arrête pas là son exigence. « Construire des écoles c'est bien, mais il nous faut de véritables programmes pour offrir des débouchés aux jeunes et leur enseigner une version de l'histoire où ils puissent tous se reconnaître, sinon cela recommencera. » Elle rêve de fournir un jour des outils aux professeurs, d'équiper les écoles de bibliothèques...

Si l'action de la Maison Shalom s'étend à d'autres populations, d'autres régions, Maggy poursuit son travail sur Ruyigi autour des orphelins.

La Maison Shalom a reçu l'autorisation du ministère de la Santé d'ouvrir un petit hôpital et une maternité à Nyamutobo. Les dossiers de financement sont en cours d'étude auprès de plusieurs partenaires pour compléter le budget de la construction et assurer le fonctionnement. Certes, Ruyigi a déjà son hôpital, mais sa capacité d'accueil reste faible. Chloé, qui vient d'obtenir son diplôme de médecin, y travaille depuis le mois de mars 2005. Elle a hâte de voir naître le centre de santé prévu pour juin 2006 et rêve de faire une spécialisation en pédiatrie.

Elle m'a quittée tout à l'heure pour assurer sa consultation à la Maison Shalom. Je la regarde s'éloigner lentement à travers ce verger tout juste planté au sein du nouveau siège, et qui offre déjà mille promesses. Les ouvriers travaillent à la construction du lieu de recueillement multiconfessionnel, un espace octogonal qui s'ouvre de chaque côté par de larges fenêtres. La coupole pointue s'épanouit subtilement vers le ciel. Les travaux sont loin d'être finis et pourtant il y règne déjà une atmosphère sacrée qui appelle au silence et à la prière. En face de l'entrée, un mur protège des petites niches dédiées à chacune des confessions, plus un point d'eau pour les musulmans. Chacun pourra y célébrer les offices ou pratiquer les rites spécifiques et ce particulièrement pour les défunts. Espace digne pour les familles afin d'entamer le temps de deuil.

Chapitre 12

La haine n'aura pas le dernier mot

J'ai encore dans la tête et dans le cœur les mots terribles de Maggy sur les massacres d'octobre 1993. Ils se mêlent en moi à ceux de l'avenir pour décrire l'avancement de ses tout derniers projets, toutes les joies et les peines de ces douze années, de toute une vie...

« Il faut que nos maisons et nos villages soient des points de référence pour le développement de notre pays. C'est pourquoi j'y installe l'eau et l'électricité. Les voisins qui en ont les moyens peuvent venir s'y raccorder. Un financement du Luxembourg vient de nous permettre de développer ces installations. Avec le prix que j'ai reçu pour la défense des droits de l'enfant en 2003, j'ai acheté de nouvelles terres, notamment à Ruyigi. Dans d'autres provinces, c'est l'urbanisme qui m'a accordé un terrain : à Cankuzo, à Giharo. Je paie la viabilisation, bien sûr. Nous ouvrons des petites boutiques alimentaires, des restaurants, des fermes, des pépinières. Le Burundi manque encore d'un projet de société, alors il faut bien s'y mettre. J'ai engagé deux agronomes et un vétérinaire pour la production mais aussi pour la formation. Tout le monde est invité à partager ces formations gratuites. Tous peuvent en profiter et s'y essayer chez eux par la suite. Ils repartent avec des semences, ils font pousser leurs carottes, leurs pommes de terre. Pour participer à l'effort de formation, ils apportent une partie de leur récolte à la boutique alimentaire où ils peuvent faire des échanges. Il ne s'agit pas de vivre comme avant, dispersés dans les collines, il faut apprendre à se regrouper, à créer des villages, mettre l'eau, l'électricité, accepter de vivre une autre époque. Il faut prendre ce qui est utile de la modernité, ce qui est profond dans les religions, ce qui est beau dans notre tradition, et parfaire le tout. »

Ce soir, une petite fête est prévue à la Maison Shalom. Maggy veut inviter les voisins dans sa nouvelle maison pour leur expliquer encore et encore au service de quoi elle se bat. Les cœurs rétrécis, en effet, ont vite fait de médire et de faire courir la rumeur. « Ils voient passer les camions pour le chantier du nouveau siège au centre de Ruyigi. Ils savent qu'il s'agit d'un grand terrain. Il faut que je leur explique que je ne possède pas tous ces biens. Que chaque maison a été construite grâce aux dons que j'ai reçus pour mieux servir les enfants. » Et je sais bien qu'au cours de la soirée, elle ajoutera quelques phrases bien à elle, qu'elle leur dira combien elle est heureuse de les accueillir tous. Y compris celui qui ne sort jamais de sa maison et que l'on voit tous les jours assis à sa fenêtre en train de bricoler en regardant les passants. Cet homme est un assassin d'octobre 1993, tout le monde le sait ici. Il a fait un peu de prison, mais désormais il ne sort plus de chez lui. Sauf aujourd'hui pour l'invitation de Maggy, heureuse de sa présence.

Et cette joie lui rappelle une idée qu'elle fomente déjà depuis un moment : le marché de Ruyigi doit prochainement déménager à la périphérie de la ville ; la Maison Shalom voudrait récupérer le terrain pour y installer un jardin public avec des jeux pour les enfants, car jouer est aussi un droit essentiel.

Je me souviens d'elle au moment de mon départ lors de notre première rencontre, en 1999. Je n'étais alors restée que quelques jours mais le lien s'était créé. Je la revois devant moi à la fois grande et minuscule, volontaire et résignée face à la démesure de son destin, dans toute sa force et sa sensibilité, prête à tout pour mener à bien sa tâche. Dans ce dernier regard échangé, j'avais deviné toute son incertitude et sa solitude face aux responsabilités, sa terreur du sida, son besoin d'être aidée et sa volonté de ne rien quémander.

L'amitié s'est nouée entre nous autour de ce regard-là, et pendant toutes les années qui ont suivi, j'ai accompagné l'évolution de la Maison Shalom ; j'ai regardé s'épanouir les rêves de Maggy, j'ai vu à l'œuvre son obstination, son impatience, sa cohérence, la puissance de sa quête et de sa soif, cette volonté de faire toujours valoir ce qu'il y a de beau en chacun, jusqu'à « pouvoir allumer en lui la beauté qui en éclairera les défauts. »

« Il faut se permettre de faire une révolution d'amour. Nous n'avons été créés que pour nous rendre mutuellement heureux. » Les mots de Maggy ont toujours été simples, naïfs diraient certains, mais la force de ses choix, dans un contexte aussi bouleversé, montre combien la parole peut soulever des montagnes.

Sur le chantier de la nouvelle Maison Shalom au centre de Ruyigi, Maggy a remarqué l'autre jour une maigre pousse de bananier au milieu des pierres. Elle est allée chercher les enfants pour la leur montrer et leur expliquer : « En principe, la plante a besoin d'un bon sol pour vivre et ne peut pas se développer en terrain aride. Mais regardez, cette pousse de bananier a rendu la caillasse féconde. Ses feuilles ont formé un peu d'humus qui nourrit la plante et lui redonne une nouvelle chance. Nous vivons dans un pays dévasté par des années de guerre, mais nous pouvons défendre notre idéal de liberté et affirmer : "Nous, nous choisissons de faire comme le bananier". »

Ruyigi-Paris, juin 2005

Annexes

Repères historiques du Burundi

Avant 1871	Le Burundi est un pays enclavé organisé en royaume et préservé de l'esclavage.
1871	Exploration des abords du lac Tanganyika par Stanley et Livingstone, à la recherche des sources du Nil. Le Burundi devient une colonie allemande, de même que le Rwanda (Ruanda-Urundi).
1888	Début de l'évangélisation.
1916	Le Burundi devient une colonie belge.
1er juillet 1962	Le royaume du Burundi obtient son indépendance.
1965	Massacres dans le nord du pays.
1966	Coup d'État, prise de pouvoir par le Tutsi Micombero.
Avril 1972	Répression suite à une mutinerie : disparition de 100 000 à 300 000 Hutus et déplacements massifs de population vers les pays voisins.

1976	Coup d'État, prise de pouvoir par Bagaza (tutsi).
1987	Coup d'État, prise de pouvoir par le major Buyoya (tutsi).
1988	Massacres interethniques.
1991	Massacres interethniques.
1992	Liberté des associations et des partis politiques opposants.
Juin 1993	Premières élections démocratiques. Melchior Ndadaye, hutu, est élu président.
21 octobre 1993	Assassinat du président Melchior Ndadaye. Massacres et déplacement de plus d'un million de personnes vers les pays voisins.
6 avril 1994	Attentat contre l'avion des présidents burundais (Cyprien Ntaryamira, hutu) et rwandais (Juvénal Habyarimana, hutu). Deux ministres burundais se trouvaient également à bord. Génocide des Tutsis par les Hutus au Rwanda.
Juin 1994	Déplacements massifs de la population rwandaise vers le Zaïre.
1995	Évolution des conflits vers une guerre civile opposant l'armée régulière, majoritairement tutsie, aux factions rebelles, bras armés des partis hutus. Massacre d'étudiants à l'université de Bujumbura et balkanisation des quartiers de la capitale.

1995	Ouverture des premières négociations de paix à Arusha en Tanzanie.
25 juillet 1996	Le major Pierre Buyoya reprend le pouvoir par un coup d'État. Cessation des négociations de paix et début de l'embargo.
Octobre 1996	Début de la guerre du Zaïre.
17 mai 1997	Le Zaïre devient la République démocratique du Congo (RDC).
Juin 1998	Reprise des négociations de paix.
20 août 2000	Signature des accords de paix d'Arusha avec la médiation de Nelson Mandela.
Avril 2003	Passation de la présidence à Domitien Ndayizeye.
Novembre 2003	Accords de Pretoria déterminant le partage du pouvoir et de la défense. Cessez-le-feu effectif avec six des sept factions rebelles.
Mai 2005	Accord de cessez-le-feu avec la dernière faction rebelle.
Juillet/octobre 2005	Élections municipales, législatives, sénatoriales et présidentielles.

Principales caractéristiques du Burundi

Capitale : Bujumbura.

Superficie : 27 834 km².

Altitude : de 774 m pour le lac Tanganyika à 2 670 m pour le mont Heha. Les collines de Ruyigi se situent à 1 670 m.

Population : 6,8 millions d'habitants, avec un taux de croissance de 2,38 % par an en 2001.

55 % de la population a moins de 18 ans et on compte 660 000 orphelins.

Monnaie : franc burundais (1 200 Fbu = 1 €).

Langues : kirundi, français, swahili le long du lac Tanganyika et à Bujumbura.

Religion : catholiques : 62 %, protestants : 5 %, musulmans : 1 %, autres : 32 %.

Répartition ethnique : Hutus : 85 %, Tutsis : 14 %, Twas : 1 % (estimation).

Agriculture : 90 % de l'économie selon l'estimation du PNUD (café, coton, thé, maïs, sorgho, patates douces, bananes, manioc, bœuf).

Source : OCHA (Office des Nations unies pour la coordination de l'aide humanitaire : ochaburundi.org)

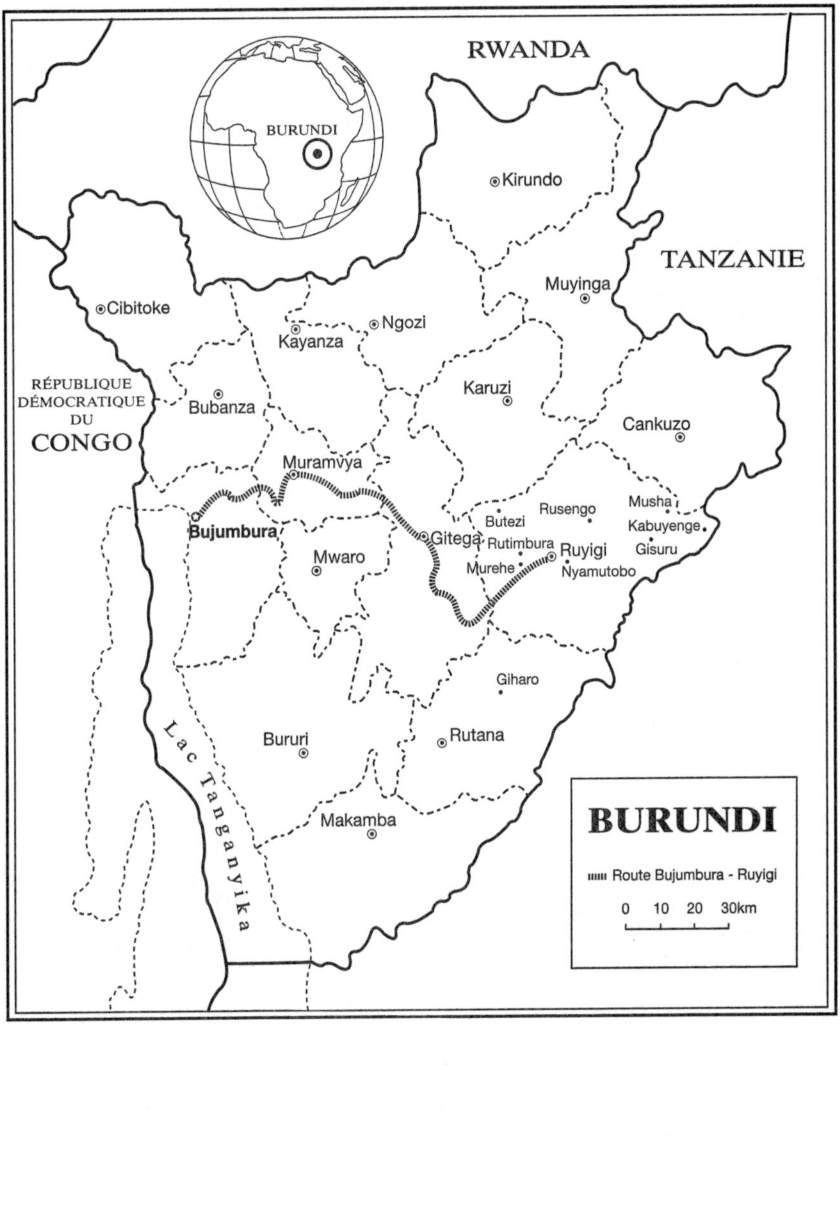
RWANDA
BURUNDI
Kirundo
TANZANIE
Muyinga
Cibitoke
Ngozi
Kayanza
RÉPUBLIQUE
DÉMOCRATIQUE
DU
CONGO
Bubanza
Karuzi
Cankuzo
Muramvya
Musha
Rusengo
Butezi
Kabuyenge
Bujumbura
Gitega
Rutimbura
Ruyigi
Gisuru
Mwaro
Murehe
Nyamutobo
Giharo
Lac Tanganyika
Bururi
Rutana
Makamba
BURUNDI
Route Bujumbura - Ruyigi
0 10 20 30km

La Maison Shalom

Ruyigi :

- Siège social de la Maison Shalom (3 ha de terrain, 3 000 m^2 bâtis) : *home* d'accueil, infirmerie, soutien psychologique, espace de recueillement multiconfessionnel, direction et gestion de projets, comptabilité, stocks, parking des véhicules.
- Maison d'hôtes Frieden : bar-restaurant et hôtel.
- La Cité des anges.
- Le Garage des anges : centre de formation, atelier mécanique, station d'essence.
- Activités d'autofinancement : acquisition et location de biens immobiliers.

Autour de Ruyigi : les villages de Nyamutobo, Murehe, Rutimbura :

- Logements : 20 à 40 maisons par village pour les fratries ou les bébés.
- Activités : salle commune, boutique alimentaire, restaurant, moulin à manioc, décortiqueuse de riz, ferme d'élevage, cultures, centre de germination, pépinière.
- Projets : crèche, centre médical, maternité.

Province de Ruyigi : collines de Gisuru, plaine du Moso :

- Assistance aux déplacés et aux rapatriés, projets de développement pour le désenclavement de la région.
- À Kabuyenge : coopérative ; à Musha : construction de ponts et rénovation des écoles.

Provinces de Cankuzo et de Rutana : antennes de la Maison Shalom.

Bujumbura : Amani House : *home* pour les étudiants, boutique, salle collective.

Ngozi : *home* pour les étudiants.

Dans tout le Burundi : assistance pour les enfants réinsérés dans une famille.

La Maison Shalom en chiffres
(rapport annuel 2004)

- 230 bébés orphelins sont actuellement pris en charge.
- Au total, la Maison Shalom prend soin de 3 000 orphelins en leur apportant une aide en termes de soins de santé, d'alimentation, de scolarisation et d'habillement.
- De 2000 à 2004, 490 maisons ont été construites.
- Une aide d'urgence a été apportée à 2 312 ménages (semences et biens ménagers).

Recherche familiale et réunification
(en nombre d'enfants) :

1999	2000	2001	2002	2003	2004
121	76	59	79	903	4 259

Marguerite Barankitse et l'œuvre de la Maison Shalom ont été distinguées et reconnues au niveau international par de nombreux prix :

- 1998 : médaille des Droit de l'homme, attribuée par le gouvernement français dans le cadre des cérémonies de célébration du cinquantième anniversaire de la Déclaration universelle des droits de l'homme. À ce jour, dix personnes ont reçu cette distinction, dont le dalaï-lama et Rigoberta Menchú.
- Février 2000 : trophée du Courage, décerné par le mensuel *Afrique International.*
- Juin 2000 : prix Shalom de la ville de Eistät en Allemagne.
- Février 2001 : prix de la Solidarité, attribué par le Sénat de Brême.
- Mars 2003 : deuxième prix de Juan Maria Brandès. Prix de la Défense du droit d'asile et de la solidarité avec les réfugiés, remis par la CEAR (Comisión española de Ayuda al Refugiado).
- Avril 2003 : World's Children's Prize for the Rights of the Child en Suède.
- Novembre 2003 : prix européen Nord-Sud, décerné par M. Soares, ancien président du Portugal.
- Février 2004 : docteur *honoris causa* de l'université de Louvain-la-Neuve, avec le professeur Riccardi de la communauté Sant'Egidio (qui œuvre pour la conciliation dans les conflits du monde), et le père Émile Shoufani, prêtre arabe israélien travaillant pour le dialogue judéo-arabe.
- Mai 2004 : Four Freedoms Award décerné par le Franklin and Eleanor Roosevelt Institute, octroyé également à Kofi Annan, secrétaire général des Nations unies, pour le travail de protection des droits des enfants.

- Juin 2004 : Voices of Courage Award de la Women's Commission for Refugee Women and Children aux États-Unis.
- Juin 2005 : distinction Nansen pour les réfugiés par le UNHCR (Haut Commissariat des Nations unies pour les réfugiés).

Pour aider l'œuvre de Maggy

Vous pouvez soutenir concrètement le travail de la Maison Shalom en envoyant vos dons à :

Maison des anges
3, rue de la Manufacture
78350 Jouy-en-Josas
France

Par chèque ou virement (à l'ordre de la Maison des anges)
Domiciliation : Crédit coopératif
Paris, Gare de l'Est – France
banque 42559
agence 00003
compte 21026823008, clé RIB 88

L'association Maison des anges, fondée en 2002 pour créer le Cinéma des anges, s'est élargie en 2004 pour accueillir de nouveaux projets et devenir le représentant en France de l'ONG burundaise Maison Shalom.

Toutes les actions sont menées en étroite collaboration avec Marguerite Barankitse, avec qui les membres du bureau travaillent depuis plusieurs années.

Aux côtés de la Maison Shalom, la Maison des anges a choisi d'orienter spécifiquement son action sur :

- l'amélioration des soins de santé (participation à la construction et au fonctionnement du centre médical de la Maison Shalom) ;
- la réinsertion des enfants et des femmes soldats dans la vie civile ;
- le développement de projets culturels : cinéma, médiathèque, atelier Internet et multimédia.

Si vous le souhaitez, vous pouvez spécifier une affectation pour votre don à l'un des projets.

La Maison des anges est une association loi 1901 reconnue d'utilité publique. Si vous êtes imposable en France, votre don ouvre droit à une déduction fiscale. Vous recevrez un reçu à joindre à votre déclaration d'impôts.

www.maison-des-anges.org
association@maison-des-anges.org

Table

DU MÊME AUTEUR

Un autre Burundi,
Éditions Sépia, 2000

Composition Nord Compo
Impression : Imprimerie Floch, septembre 2005
Éditions Albin Michel
22, rue Huyghens, 75014 Paris
www.albin-michel.fr
ISBN : 2-226-15858-8
N° d'édition : 23171. – N° d'impression : 63682
Dépôt légal : octobre 2005
Imprimé en France